edition suhrkamp 2777

Mit dem Fall der Berliner Mauer erschien ein neues Zeitalter am Horizont, das mit der wirtschaftlichen Liberalisierung auch Demokratie, Freiheit, Rechtsstaatlichkeit für ganz Osteuropa versprach. Doch schon bald wurden Bruchlinien entlang der alten Ost-West-Grenzen sichtbar. Seit Russlands Angriffskrieg auf die Ukraine ist nichts mehr, wie es war: Putin reißt das europäische Haus nieder, das er noch 2001 selbst beschworen hatte. In diesem Buch werden die wichtigsten Aspekte einer Epoche besichtigt, die 2022 ein ebenso jähes wie gewaltsames Ende gefunden hat.

Die Verfassungsrechtlerin Angelika Nußberger, der Historiker Martin Aust, der Politikwissenschaftler Andreas Heinemann-Grüder und der Literaturwissenschaftler Ulrich Schmid sind Zeitzeugen und Experten zugleich. Von Ulrich Schmid erschien *Technologien der Seele. Vom Verfertigen der Wahrheit in der russischen Gegenwartskultur* (es 2702).

Osteuropa zwischen Mauerfall und Ukrainekrieg

Besichtigung einer Epoche

Von Martin Aust, Andreas Heinemann-Grüder, Angelika Nußberger und Ulrich Schmid

Suhrkamp

Der Eindeutigkeit halber werden die russischen und ukrainischen Namen und Titel in den Fußnoten, abweichend vom Haupttext, in der wissenschaftlichen Umschrift wiedergegeben.

Klimaneutral Druckprodukt ClimatePartner.com/14438-2110-1001

2. Auflage 2022

Erste Auflage 2022
edition suhrkamp 2777
Originalausgabe

Umschlaggestaltung nach einem Konzept von Willy Fleckhaus: Rolf Staudt
Satz: Satz-Offizin Hümmer GmbH, Waldbüttelbrunn
Druck: C.H. Beck, Nördlingen
Printed in Germany
ISBN 978-3-518-12777-3

www.suhrkamp.de

Inhalt

Neue europäische Spaltungen

Der Einmarsch der russischen Truppen in die Ukraine am 24. Februar 2022 markiert das Ende aller Illusionen, die vor allem die Westeuropäer sich gemacht hatten: Bis zuletzt hatte man auf Dialog gesetzt, auf Wandel durch Handel, auf den stabilisierenden Effekt einer kooperativen Sicherheitsarchitektur mit Russland. In Deutschland endet die Ära einer Politik, die sich gut fünfzig Jahre lang als Mittler und Brückenbauer zwischen dem Westen und Moskau verstand. Drei Tage nach dem Überfall sprach Bundeskanzler Olaf Scholz in seiner Regierungserklärung von einer »Zeitenwende«, während die meisten osteuropäischen Staaten schon längere Zeit in Furcht vor einer Renaissance des aggressiven russischen Imperialismus gelebt hatten.

Obwohl das Staccato alarmierender Nachrichten schon seit Jahren zunahm, hatten nur die USA eindringlich vor dem Krieg gewarnt. Die Annexion der Krim durch Russland im Jahr 2014 war ein erster eindeutiger, viel gescholtener und doch ungestrafter Völkerrechtsbruch. Auch die Reaktionen auf Russlands nichterklärten Krieg im Donbass blieben auf Lippenbekenntnisse und vergleichsweise milde Sanktionen beschränkt. Ohne Rücksicht auf das Leben von Zivilisten intervenierte Russland in Syrien, gab Mordanschläge in Großbritannien und Deutschland in Auftrag, hackte den Deutschen Bundestag und hielt die Welt mit sicherheitspolitischen Ultimaten in Atem. Allerdings dachten nur ukrainische, polnische, baltische und amerikanische Sicherheitsanalysten an einen erneuten Krieg gegen die Ukraine.

Vladimir Putin hat die Ukraine verwüstet und Russland zu einem Pariastaat gemacht. Zuvor war der Versuch fehlgeschlagen, die Ukraine für die Gründung der Eurasischen Wirtschaftsunion zu gewinnen. Der Grund dafür war der unverhohlene Führungsanspruch Moskaus, dem sich die anderen Mitgliedstaaten nur mit höchstem Misstrauen unterordneten. Offensichtlich glaubt auch der Kreml mittlerweile nicht mehr an die Verwirklichung einer politischen Eurasischen Union. Putin versucht seine imperialen Gelüste nun durch die anachronistische Wiederherstellung eines »Heiligen Russland« mit dem »dreieinigen Volk« der Russen, Ukrainer und Belarusen zu befriedigen.

Wie konnte es geschehen, dass Russlands Vorbereitungen auf den Überfall auf die Ukraine und die Revision der europäischen Friedensordnung lange Zeit nicht die gebotene Aufmerksamkeit in der europäischen Politik erhalten hatten?

Dass sich Russlands autokratisches und repressives Regime nach innen auch in Gewalt nach außen manifestieren würde, wollten jene, die Russland als Exportmarkt und als Energielieferanten schätzten, ungern zur Kenntnis nehmen. Reiche russische Wirtschaftsvertreter und Politiker hofierten Berlin, London, Paris, Rom oder Athen, luden zu pompösen Empfängen ein, wuschen ihr Geld und förderten »Stiftungen« zum Zwecke des Wirtschaftslobbyismus. Das Bild einer – wenn auch schwierigen – Partnerschaft sollte nicht durch Alarmismus oder rhetorisches »Säbelrasseln« gestört werden. Bisweilen verband ein latenter Anti-Amerikanismus die deutsche mit der russischen politischen Klasse.

Das Selbstbild als Mittler machte blind für heraufziehende Gefahren. Die Illusion vom Ende der Geschichte und ihrer Friedensdividende war zu groß. Gorbatschows ungewollter Beitrag zu einem friedlichen Ende der Sowjetunion und des Ost-West-Konfliktes übersetzte sich in einen Vertrauenskredit gegenüber Russland. Zu verheißungsvoll waren auch die ökonomischen Aussichten von Russland als großem Absatzmarkt deutscher Exporte und Energielieferanten in einer Übergangsphase zu einer nachhaltigen Energiewirtschaft. Alarmierende Entwicklungen lösten kein Nachdenken über eine vorsichtigere Russlandpolitik aus. Auch ein kritisch-besorgter Blick auf die keineswegs geradlinigen Transformationsverläufe in Ostmitteleuropa mag dazu beigetragen haben, Russland in milderem Licht zu sehen. Denn auch in Ostmitteleuropa setzten sich nach dem Untergang des Sozialismus Menschenrechte, Toleranz, Demokratie und Rechtsstaatlichkeit nur partiell durch – dem Versprechen eines Neuanfangs zum Trotz. Sein und verfassungsrechtlicher Schein fielen deutlich erkennbar auseinander.

Statt einer Konsolidierung nach schwierigen Anfangsjahren gab es nach drei Jahrzehnten Reformpolitik in Ostmitteleuropa mehr Rück- als Fortschritt. In Polen schränkte die PiS-Regierung die Unabhängigkeit der Justiz ein und machte sich die Medien dienstbar. In Ungarn unterminierte Ministerpräsident Orbán die demokratischen Grundlagen des politischen Systems. Die

EU-Kommission hatte keine andere Wahl, als gegen Polen und Ungarn Vertragsverletzungsverfahren einzuleiten. Bei der Auseinandersetzung mit Polen gab es seit Herbst 2021 einen Showdown. Nach der Entscheidung des polnischen Verfassungsgerichtshofs, wonach der Vorrang des EU-Rechts nicht mehr anzuerkennen sei, verhängte der Europäische Gerichtshof eine Strafzahlung von einer Million Euro pro Tag. Das politische System der Ukraine befand sich zum Beginn des Jahres 2022 und damit acht Jahre nach dem Maidan noch immer fest im Griff der Oligarchen. Die Korruptionsbekämpfung kam nur mühsam voran. In Belarus klammerte sich Präsident Lukaschenka mit aller Gewalt an die Macht, für die er in der eklatant gefälschten Präsidentschaftswahl von 2020 kein Mandat mehr erhalten hatte. Vor diesem Hintergrund schien eine Allianz des Westens mit den Staaten Ostmitteleuropas gegen Russland nicht die einzige und auch nicht die sich unbedingt aufdrängende Option zu sein.

Die Verschärfungen der politischen Gangart, die Renaissance von Populismus und Nationalismus in Polen, Ungarn und Slowenien, die schleppenden Reformen in der Ukraine und die Großmachtsucht Russlands wurden begleitet von einem fundamentalen Wandel der Erinnerungspraktiken. Die Geschichtskulturen der Länder im östlichen Europa traten nicht mehr in einen Dialog, sie arbeiteten sich antagonistisch aneinander ab. In Russland wurde der Schutz der »historischen Wahrheit« 2020 sogar in die Verfassung aufgenommen.

Aber auch wenn die Neuinterpretation und die Instrumentalisierung der Geschichte ein allgemeines und nicht ein spezifisch russisches Phänomen waren, ging doch nur Putin so weit, mit teils widersprüchlichen, teils absurden geschichtspolitischen Einlassungen Gewalt zu rechtfertigen: Mal galt ihm die Ukraine als Bruder Russlands, dann wieder als Idée fixe Lenins. Putins Kriegsziel, die Ukraine zu »entnazifizieren«, obwohl dort Nazis weder im Parlament noch in der Regierung vertreten sind, sollte als Begründung für einen Vernichtungskrieg Russlands gegen die Ukraine dienen. Aber auch ein fiktives Feindbild kann zu sehr realen Konsequenzen – zur Enthemmung und zur Verletzung grundlegender Menschenrechte – führen.

Verkannte Eigendynamiken

Wenngleich der Krieg einen alles verdunkelnden Schatten über dreißig Jahre der Geschichte wirft, sollte sicherlich nicht aus dem Blick geraten, was nach 1989 im östlichen Europa erkämpft worden ist: Freizügigkeit, Mehrparteienwahlen, gefüllte Regale, Eigentumsrechte und die EU- und NATO-Mitgliedschaft zumindest der ostmitteleuropäischen Staaten. Doch die Befreiung, nicht nur vom Repressionsapparat, sondern auch von den festen Strukturen des täglichen Lebens, hatte ihren Preis. Der sozialistische »Gesellschaftsvertrag« – moderate soziale und wirtschaftliche Sicherheit gegen opportunistische Hinnahme der Autokratie – brach zusammen, weil die selbst ernannten Volksdemokratien ihren Teil des Vertrages nicht mehr einhielten. Der neue Gesellschaftsvertrag, so die Hoffnung, würde Wachstum, Reichtum und Freiheit zugleich und sofort bringen. Auf dic Rcvolution der Erwartungen musste fast zwangsläufig Enttäuschung folgen. In Russland war eine Präsidialrepublik entstanden, deren ohnehin fragile demokratische Substanz sich mittlerweile verflüchtigt hat. Putin hat an ihrer Stelle eine Diktatur errichtet. Er hat nicht nur keinen Widersacher mehr, sondern auch niemanden, der ihm ein mäßigendes Wort zurufen könnte. Auch in den anderen Staaten des Ostens steht die Demokratie vor Herausforderungen. Dazu kam eine ungeahnte soziale Ungleichheit. Die Einkommen wuchsen, aber unter der Einkommenskluft litt immer mehr der gesellschaftliche Zusammenhalt. Die Verheißung der wirtschaftlichen Schocktherapie, den peripheren sozioökonomischen Status in kurzer Zeit überwinden und zu den Metropolen aufschließen zu können, trug von Anfang an ideologische Züge. Der westliche Teil Europas fühlte sich als Sieger der Systemauseinandersetzung. Politik-, Wirtschafts- und Rechtsberater schwärmten aus, um die »nachholende Modernisierung« und Zivilisierung des Ostens voranzutreiben. Die Ausgangslagen und Verwerfungen verstand kaum einer der Zugereisten. Der Westen erkannte im Osten vor allem eine Ausweitung von Exportmärkten, billige Produktionsstätten, Schnäppchen bei der Privatisierung und tariflich ungeschützte Zeitarbeiter, die zur »Flexibilisierung« der Arbeitsmärkte in der Landwirtschaft, im Gesundheitswesen und im Bau- und Transportgewerbe beitragen konnten. Verlustängste und Gefühle der Bedrohung, die jene empfanden, die in einem von allen äußeren Einflüssen abgeschirmten sowjetisch dominierten Riesenreich gelebt hatten, waren im Westen niemandem vermittelbar.

Das Jahr 1989 war zudem keine Stunde Null. Den Imperativen des Systemwechsels standen wirkmächtige Erbschaften gegenüber. Der Sozialismus hinterließ Staatsmonopole und industrielle Monokulturen und einen Wertkonservatismus. In Polen war die unabhängige Gewerkschaft »Solidarność« und in Russland die Menschenrechtsorganisation »Memorial« entstanden, doch in der Breite fehlten zivilgesellschaftliche Organisationen – Vereine, Verbände, Gewerkschaften – ebenso wie Parteien mit starken Mitgliedschaften und Wählerbindungen. Nur langsam bildete sich ein Mittelstand heraus. Die soziale Stratifikation war gering. Reformen sollten vor allem durch einen Elitenwechsel zuwege gebracht werden. Aber gehörten die Wendehälse, die roten Direktoren, die zu Kapitalisten konvertierten, oder die Oligarchen, die Staatsbetriebe, Medien, Parteien, Abgeordnete und Gesetze kauften, nun zu den neuen Eliten? Und woher sollten ganz »neue« Eliten kommen? Aus den Schriftstellerdissidenten ließen sich keine neuen Politiker schmieden. Václav Havel war die Ausnahme von der Regel.

Die Entkopplung von Demokratisierung und Privatisierung ließ eine kleine Schicht von Oligarchen entstehen. Die wachsende Kluft zwischen den Einkommen, zwischen den großen Gewinnern und den vielen, die sich in prekären Verhältnissen durchschlagen mussten, gewann an politischer Sprengkraft. Nach den ersten postsozialistischen Wahlen fanden vormalige Kommunisten oder Nationalisten Zulauf, und aus der doppelten Enttäuschung über die Korruption vieler »Reformpolitiker« und aus dem Souveränitätsverlust gegenüber der EU speisten sich in Ostmitteleuropa antielitistische, euroskeptische, illiberale und zugleich sozialpopulistische Strömungen. Aber während dort noch Bewegung war, versteinerte das System in Russland ebenso wie in Belarus oder Aserbaidschan. Die Jugend, soweit sie anders dachte und Wandel wünschte, wurde mundtot gemacht und weggesperrt. Das Europa, das man in Warschau und Budapest zunehmend als eine Zumutung empfand, blieb für jene noch weiter im Osten unerreichbar. Für manche war es Verheißung, für andere ein Schreckbild.

Östlich-westliche Lesarten

Entsprang also die 1989 beschworene »Rückkehr nach Europa« einem Wunschdenken, einer Chimäre und einer Projektion von Erwartungen? Oder aber breiten sich in der Gegenwart im östlichen Europa autoritäre und populistische Herrschaftsmuster im Zuge der tiefgreifenden Globalisierungsprozesse nicht genauso dynamisch aus, sind sie nicht von ähnlichen Ängsten und Ressentiments angetrieben wie anderswo? Kein Volk wollte das Ancien Régime sowjetischer Herrschaft mehr verteidigen. Selbst die Funktionäre der kommunistischen Parteien kündigten dem Machtsystem ihre Loyalität auf. Mit zwei Erweiterungsrunden nahm die EU eine Reihe ostmitteleuropäischer Staaten als Mitglieder auf, mit anderen schloss sie Assoziierungsabkommen oder lud sie zur »Östlichen Partnerschaft« ein. Doch die zugleich gewünschte und verfluchte radikale Transformation des politischen und des wirtschaftlichen Systems führte zu Bruchstellen und entlarvte die Erwartungen an einen harmonischen und vermeintlich reibungslosen Systemwechsel als naive Illusion. Die Spannungen zwischen nationaler Souveränität und transnationalem Regieren durch die EU entluden sich. Zugleich bedeutete das »Drinnen« und »Draußen« in EU und NATO eine neue Spaltung des Ostens, bei der die Grenzziehungen nicht immer klar waren, etwa wenn der ungarische Ministerpräsident Orbán kurz vor der Invasion der Ukraine nach Moskau reiste und das »pragmatische ungarische Modell« pries, das eine EU-Mitgliedschaft mit gutnachbarlichen Beziehungen zu Russland verbinde.

Vor dem 24. Februar 2022 mochte man sich fragen: Fängt Osteuropa in der Mitte an, im Herzen Berlins, dort, wo einst die Mauer stand, hinter den Stadträndern von Warschau oder doch erst am Dnipro, der durch Kiew fließt? Ist Prag osteuropäisch, und gehört Wien, das etwa 150 km weiter östlich liegt, zu Westeuropa? Oder hatte der Journalist Wolfgang Büscher recht, als er in seinem Buch *Berlin-Moskau. Eine Reise zu Fuß* (2003) meinte: Der Osten ist immer noch weiter im Osten, wo immer man sich auch befindet.

Das traditionelle Ost-West-Denken hat sich tief in die Kultur eingegraben. Czesław Miłosz definierte in einem Bonmot den Unterschied zwischen einem osteuropäischen und westeuropäischen Intellektuellen damit, dass der letztere »nie richtig eins in die Fresse« gekriegt habe. Witold Gombrowicz meinte sogar, dass alle

Osteuropäer Vertreter einer brutalisierten Kultur seien und mithin dem Leben näherstünden.[1] Markiert Gewalt das Anderssein Osteuropas? Zweifellos ist die Geschichte Osteuropas von außerordentlicher Gewalt und Grausamkeit geprägt. In der ersten Jahrhunderthälfte ragen der Bürgerkrieg in Russland, die Gewalt des Stalinismus und der deutsche Vernichtungskrieg im östlichen Europa und mit ihm verbunden der Holocaust heraus. Nach dem Zweiten Weltkrieg organisierten die kommunistischen Selbstherrscher in Osteuropa Straflager, in denen tatsächliche und vermeintliche Staatsfeinde verschwanden. Besonders grausam gingen die Neostalinisten in Rumänien vor: Im sogenannten Pitești-Experiment (1949-1951) wurde schwere Folter als Mittel einer kommunistischen Umerziehung eingesetzt.[2] Die kriegerische Auflösung Jugoslawiens, die Gewaltkonflikte in den Nachfolgestaaten der Sowjetunion, Flucht und Vertreibung gehören zu den identitätsstiftenden Kollektivverlebnissen vieler Menschen im östlichen Europa. Der brutal und rücksichtslos geführte Krieg gegen die Ukraine fügt sich in diese Traditionslinie ein. Dies mag die zu Beginn der Reformen in Osteuropa oftmals verwendete Redensart von der »Rückkehr zur zivilisierten Welt« erklären.

Allerdings ist Gewalt keineswegs ein ausschließlich osteuropäisches Phänomen. Das Christentum, der Kolonialismus und der Imperialismus breiteten sich mit dem Schwert aus. Der Totschlag als politisches Argument

1 István Eörsi, *Tage mit Gombrowicz*, Leipzig 1997, S. 17.

2 Dennis Deletant, *Communist Terror in Romania. Gheorghiu-Dej and the Police State, 1948-1965*, London 1999.

hat seinen Ursprung im Geburtsmoment der modernen Republik während der französischen Revolution. Wer sich nicht für die Werte von Freiheit, Gleichheit und Brüderlichkeit begeistern konnte, wurde im Namen ebendieser Werte um einen Kopf kürzer gemacht. Die revolutionäre Menschenliebe hatte eine genaue Vorstellung, wie die Millionen umschlungen werden sollten – und wenn der schöne Götterfunke die neuen Bürger nicht erleuchtete, dann wurde die Umarmung der Menschheit zur Strangulierung. Von Deutschland, im Herzen des Kontinents gelegen, gingen zwei Weltkriege aus. Es brauchte Jahrzehnte, bevor die Menschenrechte nicht nur deklariert, sondern auch durch eine unparteiische Justiz zu realen Faktoren des politischen Lebens gemacht wurden. Erst lange nach der Bändigung der blutrünstigen Revolution wurde der demokratische Rechtsstaat als gültiges politisches Ordnungsmodell akzeptiert.

Russland als der andere Osten

Mit dem Überfall Russlands auf die Ukraine scheinen die Koordinaten des Ostens verschoben worden zu sein. Osten, das sind nun die Diktaturen Russland und Belarus, denen die Demokratien des übrigen Europa von Kiew bis Paris und London gegenüberstehen. Paradoxerweise greift Putin den Westen im Osten an: Sein Opfer ist die Ukraine, die er als falschen Westen im richtigen Osten wahrnimmt. Die Ukraine, deren Platz unverrückbar im Osten zu liegen schien, rückt in einen neuen Westen. Die EU ist bereit die Tore zu öffnen, die auf lange Jahre geschlossen schienen.

Russland hat als östlicher Osten – es grenzt an China und die Mongolei – in Selbst- und Fremdzuschreibungen oft eine kulturelle Sonderstellung eingenommen. So zog der gebürtige Pole Joseph Conrad (Józef Korzeniowski) schon zu Beginn des 20. Jahrhunderts eine scharfe Trennlinie zwischen dem asiatischen Russland und dem aristokratisch geprägten Polen, das für ihn unzweifelhaft zum Kernbestand der abendländischen Kultur gehörte. In Russland selbst gab es im 19. Jahrhundert erbitterte Debatten zwischen den »Slawophilen« und den »Westlern«. Die beiden Parteien waren aber nur auf den ersten Blick eingeschworene Gegner. Wie komplex die ideologischen Positionen sind, zeigt etwa die Tatsache, dass eine berühmte slawophile Literaturzeitschrift den Titel *Der Europäer* trug, während ein einflussreiches prowestliches Organ *Vaterländische Aufzeichnungen* (St. Petersburg 1818-1884) hieß. Beide Seiten verstanden sich als russische Patrioten und trafen sich in der Diagnose, dass Russland reformbedürftig sei. Auch ihre Argumentationsstrukturen sind ähnlich. Uneinig waren sie sich nur in der Therapie: Die Slawophilen riefen zur Rückkehr zu den eigenen Wurzeln auf, während die Westler den Anschluss an das fortgeschrittene Europa forderten. Für die Slawophilen wurde dabei gerade die kulturelle Rückständigkeit zum Vorteil: Das »alte« Europa habe bereits den verderblichen Weg des Rationalismus, Individualismus und Kapitalismus eingeschlagen, während das ungeformte Russland noch bereit sei, sich seiner höheren Berufung zu stellen. Am detailliertesten arbeitete Nikolaj Danilewski (1822-1885) diese Theorie aus. In seinem umfangreichen Buch *Russland und Europa* (1869) identifiziert er zehn Kulturtypen, die vom alten Ägypten bis zur »germanisch-romanischen Kultur« der Neuzeit reichen. Russland kommt in dieser Typologie nicht vor, und zwar aus gutem Grund: Es stellt die letzte Synthese dar, die alle religiösen, politischen und ökonomischen Entwicklungen der Weltgeschichte zusammenführen und abschließen wird.

Letztlich hat der Streit um die Zugehörigkeit Russlands zur europäischen Kultur nie aufgehört. Zu Beginn des 21. Jahrhunderts ließ sich ein Revival der Slawophilie beobachten. Im Kreml wurde Samuel Huntingtons umstrittene Konzeption des »Kampfs der Kulturen« freudig begrüßt und zur Leitlinie des Aufbaus einer »einzigartigen Zivilisation« erhoben. Mittlerweile ist die Geschichtspolitik zum wichtigsten außenpolitischen Kompass des Kremls geworden. Vladimir Putin gefällt sich in der Rolle des Chefhistorikers, der über die »historische Einheit der Russen und Ukrainer« schwadroniert und nostalgisch an die Konferenz von Jalta erinnert, als sich die Führer der Großmächte über Landkarten beugten und mit Rotstiften Einflusssphären markierten. Für die Rechtfertigung seines Krieges bezog er sich auf sein Geschichtsverständnis, das der Ukraine die Eigenstaatlichkeit aberkannte. Diese Behauptung war nicht neu. Neu war die Gewaltbereitschaft, mit der Putin seine persönliche geopolitische Obsession ins Werk setzte. Schon seit den Massenprotesten von 2011 und 2012 war in Russland eine Schließung der Gesellschaft zu beobachten. Im Eiltempo verabschiedete die Duma neue Gesetze, die sich gegen unabhängige Medien und die Versammlungsfreiheit richten. Alexej Nawalnys Fonds zur Bekämpfung der Korruption wurde 2021 zur »extremistischen Organisation« erklärt und auf eine Stufe mit den Taliban und dem Islamischen Staat gestellt. Im selben Jahr löste das Oberste Gericht die Menschenrechtsorganisation Memorial auf. Die russische Invasion der Ukraine wurde innenpolitisch mit einem Feldzug gegen die letzten unabhängigen Medien und einer Militarisierung der Staatspropaganda begleitet. Putin hatte bei seinem Amtsantritt im Jahr 2000 eine Diktatur des Gesetzes angekündigt. Stattdessen errichtete er eine Diktatur durch das Gesetz. Russland ist heute ein Polizeistaat.

Im Westen rang man angesichts dieser Entwicklungen um angemessene Deutungen: Masha Gessen führte den ausbleibenden politisch-gesellschaftlichen Wandel in Russland auf die soziale Persistenz des Homo sovieticus zurück. Timothy Snyder wähnte Putin im Besitz eines durch die Texte eines einzelnen Geschichtsphilosophen inspirierten Masterplans zur globalen Abschaffung der Demokratie. Gabriele Krone-Schmalz verortete die Ursachen für alle Probleme mit Russland kurzerhand im Westen, der es nach 1991 versäumt habe, Russland in eine sicherheitspolitische Partnerschaft auf Augenhöhe einzubeziehen. Gegenüber der hohen Nachfrage nach solchen Büchern, die sich mit starken Thesen in den Gräben der politischen Auseinandersetzung verorteten, hatten es Titel schwieriger, die sich um eine reflektierte Darstellung mit Nuancen bemühten. Wenn jemand sich aus der Betrachtung eines Landes löste und versuchte, die Trends der Großregion zu erfassen, so fiel der Blick zumeist auf einen von Konflikten zerfurchten östlichen Teil Europas: Navid Kermani nannte seinen Reisebericht durch Polen, die Ukraine, Russland und den Kaukasus bis in den Iran *Entlang den Gräben*. Johann Michael Möller fragte, ob der Osten überhaupt noch als politische Himmelsrichtung gelten könne.

Neue Gemeinsamkeiten und alte Brüche

Mittlerweile sind die ostmitteleuropäischen Staaten Mitglieder in der NATO und der Europäischen Union, wodurch, aller Kritik zum Trotz, ein Gefühl der Verbundenheit und gegenseitigen Absicherung entstanden ist. Gerade in der Zeit nach dem 24. Februar 2022 führte dies zu einem gemeinsamen Vorgehen bei den Sanktionen gegen Russland, Waffenlieferungen für die Ukraine oder Kooperation in der Flüchtlingspolitik. Nur aus Ungarn kommen immer wieder Misstöne. In der Kritik steht die mäandernde Kommunikation der Bundesregierung, die wechselnd verkündet, entweder Waffen nicht liefern zu können, da die Bestände erschöpft seien, oder aufgrund bündnisinterner Absprachen der NATO vorhandene Waffen nicht zu liefern, und die sich im Übrigen über bohrende Fragen wundert, da Deutschland ja doch vieles geliefert habe und weiterhin liefern werde. Bei der Hilfe für Flüchtlinge aus der Ukraine gibt es keinen Unterschied zwischen West- und Osteuropa. So hat Polen, das noch im Herbst 2021 Migranten aus dem Nahen Osten an der belarussischen Grenze abgewehrt hat, bereitwillig drei Millionen ukrainische Flüchtlinge aufgenommen.

Mit dem aus der Not geborenen Zusammenwirken treten einige Ungleichgewichte zurück. Die Aufnahme der Osteuropäer in die EU war nie auf Augenhöhe erfolgt, vielmehr waren die Bedingungen bereits definiert, als die ostmitteleuropäischen Staaten in die Europäische Union drängten. 1989 setzte sich im Westen der sogenannte Washington-Konsens durch, der eine liberale Wirtschaftsordnung zur Richtschnur für internationale Zusammenarbeit forderte. Dazu gehörten eine restriktive Ausgabenpolitik, liberaler Handel, die Deregulierung von Märkten, die Privatisierung von Staatsbetrieben und der Abbau von Subventionen. 1993 definierte der Europäische Rat die sogenannten Kopenhagener Kriterien, die bei der Einreichung eines Beitrittsgesuchs erfüllt sein mussten. Gefordert wurden vom politischen System institutionelle Stabilität, demokratische und rechtsstaatliche Ordnung, Wahrung der Menschenrechte sowie Achtung und Schutz von Minderheiten. Daneben mussten die Beitrittskandidaten eine wettbewerbsfähige Marktwirtschaft innerhalb des EU-Binnenmarktes aufweisen. Schließlich wurde der »Acquis communautaire«, also die Gesamtheit der EU-Regulierungen, für verbindlich erklärt. Letztlich folgte die Mitgliedschaft der ostmitteleuropäischen Staaten zur EU strengeren Regeln, als dies etwa bei Großbritannien der Fall war, dem ein Rabatt bei den Ausgleichszahlungen zugestanden wurde, oder Frankreich, dessen Minderheitenpolitik nie von der EU moniert wurde. Die Partnerschaftsabkommen waren mehr Verheißung als Wirklichkeit und stellten keinen wirksamen Schutz gegen Putins Expansionsabsichten dar.

Die große Osterweiterung in den Jahren 2004 und 2007 hat die Heterogenität der europäischen Werte weiter vertieft. Dass die Europäische Union harte Grenzen gegenüber dem Osten aufbaut, hat sie stets betont und gleichzeitig verleugnet. Die Staaten des Westbalkans sitzen seit Jahren im Vorzimmer des EU-Beitritts und vergleichen ihr Ausharren mittlerweile offen mit dem »Warten auf Godot«. Ob sich auch für sie – wie für die Ukraine – tatsächlich eine Beitrittsperspektive öffnet, steht noch dahin.

Die lang andauernde Legitimationskrise der EU war keine östliche Erfindung. Politiker wie die Rechtspopulisten Jörg Haider in Österreich, Silvio Berlusconi in Italien und Jean-Marie Le Pen in Frankreich hatten mit euroskeptischer Rhetorik schon in den 1990er Jahren Wahlkampf geführt. Die euroskeptischen Bewegungsparteien mobilisierten dann ab dem zweiten Jahrzehnt des 21. Jahrhunderts auch in Osteuropa eine große Anhängerschaft. Die Einführung einer europäischen Verfassung war schon 2005 am Einspruch der französischen und niederländischen Bürgerinnen und Bürger gescheitert. Seither wollte kein Politiker des Europäischen Rates das Wahlvolk mehr fragen. Eine Wahl des EU-Kommissionspräsidenten aus dem Europaparlament heraus ist bis heute durch die Regierungen verhindert worden.

Die Krise der Europäischen Union erreichte Anfang der 2020er Jahre ihren Höhepunkt. Sie fühlte sich gezwungen, Grenzen des Tolerablen gegenüber Rechtsstaatsverletzungen zu formulieren und ihre Appelle erstmals mit finanziellen Strafen zu verbinden. Tief angeschlagen vom Brexit, müde von der Erweiterung ohne Vertiefung und überfordert mit hochfahrenden Transformationsambitionen, die sich dann doch im Kern auf Freihandel beschränken, zeigte die EU dem Osten die Grenzen auf. Sie betonte die Partnerschaft und signalisierte gleichzeitig, dass Partnerschaft nicht Mitgliedschaft bedeutet. Letztlich war es die Gewalt gegen die Ukraine, die die vielen unüberwindbar erscheinenden Probleme plötzlich in ihrer Bedeutung relativierte und ein Zusammengehörigkeitsgefühl »trotz allem« schuf.

Schon immer war es die NATO, die die schärfsten Grenzen zwischen »Hier« und »Dort« zog, die – wie im Baltikum oder Polen – als Schutzschild gegen Russland oder – wie in Albanien oder Montenegro – als symbolische Westintegration verstanden wurde. In den 1990er Jahren schwankte die Haltung zur NATO, vielfach wurde sie als Vorstufe zur EU-Mitgliedschaft begrüßt, aber auch als Vehikel, die eigenen Streitkräfte zu modernisieren oder Kosten für die Verteidigung zu sparen. Eigene Vorteilserwartungen dominierten zunächst gegenüber ideellen Bindungen an die NATO.[3] In den meisten ostmitteleuropäischen Ländern schwankte die Zustimmung zu einer NATO-Mitgliedschaft zwischen 27 und 83 Prozent, nahm jedoch kontinuierlich zu. Die NATO nutzte die gesteigerte Attraktivität für Beiträge der neuen Mitglieder zu Einsätzen außerhalb

3 Andreas Heinemann-Grüder, *Im Namen der NATO. Sicherheitspolitik und Streitkräftereform in Osteuropa*, Münster 2003, S. 248 ff.

des Bündnisgebietes (Kosovo, Irak, Afghanistan) und als Standort für ihre europäischen Raketenabwehrsysteme im polnischen Redzikowo und im rumänischen Deveselu. Auch hier wurde mit dem 24. Februar 2022 ein grundsätzliches Umdenken eingeleitet. Die existenzielle Bedeutung militärischen Schutzes steht nicht mehr zur Diskussion. Mittlerweile haben sogar Schweden und Finnland Beitrittsgesuche zur NATO gestellt.

Die Flüchtlingskrise von 2015 und die Covid-Pandemie von 2020 haben gezeigt, dass europäische Werthaltungen immer wieder auch an historischen Grenzen gebrochen werden. So reanimierten Polen, Tschechien, die Slowakei und Ungarn bei der gemeinsamen Abwehrhaltung gegenüber Migranten das Visegrád-Format. Zahlreiche postsozialistische Staaten griffen bei der Bekämpfung des Corona-Virus auf Traditionen der Bürgerüberwachung und -bevormundung zurück, die aus der Zeit des Staatskommunismus stammen.

Anders als die Europäische Union und die NATO grenzt der Europarat den Osten nicht aus, sondern ein – das galt zumindest bis zum Austritt Russlands im März 2022. Menschenrechte, Demokratie und Rechtsstaatlichkeit wurden als gemeinsame Werte von London bis Rom, von Ankara bis Baku und von Kiew bis Wladiwostok ausgerufen. An Lippenbekenntnissen zur Einheit fehlte es nicht. Aber die Statistiken sprechen eine andere Sprache. Blickt man auf Einschätzungen etwa von Reporter ohne Grenzen oder Freedom House, dann sind die Rankings ebenso eindeutig wie die Zahl der Menschenrechtsbeschwerden, die an den Straßburger Gerichtshof kommen. Die Zahlen für den Osten sind größer, wenn kleine Zahlen besser sind, etwa wenn es um Beschwerden wegen Polizeigewalt und Machtmissbrauch geht, und kleiner, wenn die Sieger große Zahlen haben, etwa bei erfolgreich umgesetzten Urteilen.

Trotz aller Unterschiede ließen und lassen sich die Bruchlinien in Europa nicht auf die Himmelsrichtungen Ost und West reduzieren. Sie sind so vielfältig wie die Verbindungslinien. Lange dominierte der Nord-Süd-Konflikt zwischen der Austeritätspolitik im Norden, vertreten vor allem von Deutschland, und den vermeintlich unverantwortlichen Schuldenmachern im Süden, den PIGS-Staaten (Portugal, Italien, Griechenland, Spanien), denen man den neoliberalen Abbau des Wohlfahrtsstaates im Osten gerade als Vorbild empfahl. Einerseits lautet der Wahlspruch nicht nur der Europäischen Union, sondern auch des geographisch weit darüber hinausgreifenden Europarats nach wie vor »Einheit in Vielfalt«, andererseits offenbart die Vielfalt ihre Zentrifugalkräfte. Die aus dem Föderalismus bekannte Formel überdeckte die Unklarheit darüber, was letztlich vereint werden und welche Vielfalt erhalten bleiben soll. Dass Bundesrecht das Landesrecht bricht, wie in Föderationen üblich, wollte keiner, aber vor einer Rückkehr zur ultimativen Hoheit des nationalstaatlichen Rechts schreckte der hohe Preis für Austritte ab. Eine Absetzbewegung gab es bisher nur am nordwestlichen Rand Europas – letztlich ist der Brexit eine späte und radikale Erscheinung des traditionellen britischen Isolationismus. Aber das Bedürfnis, gegenüber dem neuen Politbüro in Brüssel Kontrolle zurückgewinnen zu wollen, wie es polemisch heißt, ist nicht auf Großbritannien beschränkt. Umgekehrt übt das europäische Einigungsprojekt eine ungebrochene Anziehungskraft auf die Zivilgesellschaften jener Länder aus, die aus dem Einflussbereich Russlands ausbrechen wollen. Dass sich daraus militärische Konfrontationen mit Russland entwickeln würden, wollte niemand so recht wahrhaben. Dass auf der anderen Seite, in Russland, nicht in Kategorien der Friedenssicherung, sondern der Einflusssphären gedacht wurde, erkannten die EU und die Bundesregierung zu spät.

Der Osten Europas als Herausforderung für die Wissenschaft

Auf diese Herausforderungen zu reagieren und Antworten zu geben sind die wissenschaftlichen Disziplinen, die sich mit dem Osten befassen, aufgerufen. Ihnen aber wurde und wird vorgeworfen, nicht in der Lage zu sein, gegen den Zeitgeist die Zeichen der Zeit zu lesen und Umbruchsstimmungen und Umbrüche vorherzusagen. Zudem verharrten sie allzu sehr im Selbstgespräch, ohne im Dialog miteinander Erklärungsversuche für schwer Erklärbares zu suchen. Schließlich ließen sie sich durch das grobkörnige Ost-West-Denken verführen und hätten keinen Mut zu Darstellungen mit Zwischentönen.

Vor diesem Hintergrund ist die Besichtigung der jüngsten Epoche in Osteuropa, die vom Fall der Mauer 1989 bis zum Angriff auf die Ukraine 2022 reicht, ein wichtiges Unterfangen. Man kann manchmal unbequeme, manchmal erschreckende Entwicklungen nicht einfach mit einem Seufzer abtun und Vorurteile über ein angeblich rückständiges System bedienen, das noch mit dem Mief eines jahrzehntelangen Kommunismus behaftet sei. Osteuropa ist mehr denn je zur Herausforderung geworden. Im Osten wird für die Freiheit des Westens gekämpft; der Krieg Russlands richtet sich nur vordergründig gegen die Ukraine, in Wirklichkeit aber gegen die Vorstellung eines imaginären Westens, der nicht nur anders, sondern auch bedrohlich ist.

In vier Kapiteln soll ein differenziertes und zugleich pointiertes Bild der Epoche von 1989 bis 2022 gezeichnet, die Frage nach Deutung und Verortung Osteuropas aus der Perspektive von Kulturwissenschaft (Ulrich Schmid), Politikwissenschaft (Andreas Heinemann-Grüder), Geschichtswissenschaft (Martin Aust) und Rechtswissenschaft (Angelika Nußberger) gestellt und im Schlusskapitel der Verantwortung des Westens für den Osten und des Ostens für den Westen nachgespürt werden. Das Tableau ließe sich beliebig erweitern; einzubeziehen wären etwa auch noch die Ökonomie, die Kommunikationswissenschaft und die Soziologie. Aber Vollständigkeit wäre Utopie. So wie Ost- und Westeuropa entwicklungsoffen sind, so ist auch jeder Versuch einer Beschreibung kaum mehr als ein Aufruf, weiter über ein Thema nachzudenken, auf das sich nie abschließende Antworten werden finden lassen.

Kulturelle Heterogenität – Chance für ein neues Europa?

Die Erfindung Osteuropas ist eine Begleiterscheinung der Aufklärung. In der Renaissance hatte man Europa noch in einen »zivilisierten Süden« und einen »barbarischen Norden« aufgeteilt. Die politischen und wirtschaftlichen Entwicklungen der Moderne beraubten aber den Süden seiner kulturellen Hegemoniestellung. Das zivilisatorische Projekt des »Westens«, das im Gegenzug auch einen »Osten« hervorbrachte, setzte sich in Europa nur langsam durch. Es nahm seinen Anfang in den ursprünglich dreizehn »Vereinigten Staaten von Amerika«, entfaltete sich in der Französischen Revolution und wurde in Deutschland erst nach dem Fall des nationalsozialistischen Regimes übernommen.

Osteuropa wurde gegen Ende des 18. Jahrhunderts als »halb wild« und »halb zivilisiert« charakterisiert. Mit solch ambivalenten Eindrücken berichteten Reisende wie der Comte de Ségur aus Russland und Georg Forster aus Polen-Litauen.[1] Sogar aufmerksame Beobachter Osteuropas wie Johann Gottfried Herder hielten die eigene Kultur für überlegen und sahen die »wilden Völker« am Anfang einer Entwicklung, die man selbst schon erfolgreich durchlaufen hatte: »Was für ein Blick

1 Larry Wolff, Die Erfindung Osteuropas, Von Voltaire zu Voldemort, in: Karl Kaser, Dagmar Gramshammer-Hohl, Robert Pichler (Hg.), *Europa und die Grenzen im Kopf*. Klagenfurt 2003, S. 21-34, S. 24f. (Wieser Enzyklopädie des europäischen Ostens 11).

überhaupt auf diese Gegenden von West-Norden, wenn einmal der Geist der Kultur sie besuchen wird! Die Ukraine wird ein neues Griechenland werden: der schöne Himmel dieses Volkes, ihr lustiges Wesen, ihre musikalische Natur, ihr fruchtbares Land usw. werden einmal aufwachen: aus so vielen kleinen wilden Völkern, wie es die Griechen vormals auch waren, wird eine gesittete Nation werden: ihre Grenzen werden sich bis zum Schwarzen Meer hin erstrecken und von da hinaus durch die Welt. Ungarn, diese Nationen und ein Strich von Polen und Russland werden Teilnehmerinnen dieser neuen Kultur werden; von Nordwest wird dieser Geist über Europa gehen, das im Schlafe liegt, und dasselbe dem Geiste nach dienstbar machen. Das alles liegt vor, das muss einmal geschehen; aber wie? wann? durch wen?«[2]

Dabei war der Wissensstand über Osteuropa überschaubar. In den Augen der französischen Aufklärer war ganz Osteuropa »slawisch« geprägt. Ungarisch wird in der Encyclopédie sogar als »slawischer Dialekt« bezeichnet, der mit dem Tschechischen, dem Polnischen und dem Russischen verwandt sei.[3] Im Eintrag über Russland wird das Volk als »roh« bezeichnet, alle Kultur rühre von den Griechen her – als Beispiele dienen hier der »schwer auszusprechende« Name des Flusses Dnjepr, der auf Griechisch »melodiös« Boristhenos heiße, oder die Stadt Kiew, die von den byzantinischen

2 Johann Gottfried Herder, *Journal meiner Reise im Jahr 1769*, Frankfurt am Main 1997, S. 67f. (Werke 9/II).

3 *Encyclopédie ou Dictionnaire raisonné des sciences, des arts et des métiers*, Bd. 8, Paris 1765, S. 284.

Herrschern erbaut worden sei, während alle anderen Siedlungen nicht einmal eine Befestigung aufwiesen.[4]

Im 19. Jahrhundert dominierte in Osteuropa die »mission civilisatrice« der Imperien oder genauer: der imperialen Eliten. Bis zu Napoleons Russlandfeldzug im Jahr 1812 ging den Adligen in St. Petersburg und Moskau das Französische leichter von der Zunge als das Russische. In den östlichen Kronländern errichteten die Wiener Monarchen Militärgarnisonen, Verwaltungsgebäude und Universitäten. Galizien galt als »Halb-Asien«, das erst noch europäisch werden musste. Berlin war ohnehin der Auffassung, dass die deutsche Kultur den absoluten Höhepunkt der Menschheitsgeschichte darstellte, und wachte eifersüchtig über diese Alleinstellung. Leopold von Ranke gestand den Slawen und Ungarn allenfalls eine Teilhabe an den abendländischen Errungenschaften zu, wenn sie ihre eigene Kultur aufgeben: »Das Leben des menschlichen Geschlechtes liegt heutzutage in den Völkern romanischen und germanischen Stammes und denen, die sich ihnen angeschlossen, assimiliert haben, slawischen und selbst magyarischen Ursprungs.«[5]

Allerdings wurde diese Haltung, die man als innere Kolonialisierung der europäischen Imperien beschreiben kann, im ausgehenden 19. Jahrhundert von den neuen Nationalbewegungen herausgefordert. Am Vorabend des Ersten Weltkriegs beschrieb der spätere

4 *Encyclopédie ou Dictionnaire raisonné des sciences, des arts et des métiers*, Bd. 14, Paris 1765, S. 442.

5 Leopold von Ranke, *Serbien und die Türkei im neunzehnten Jahrhundert*, Leipzig 1879, S. 518.

tschechoslowakische Staatspräsident Tomáš Garrigue Masaryk eine Reise nach Russland mit folgenden Worten: »Je weiter man von Westen nach Osten vordringt, umso mehr entfernt man sich von Europa, zuletzt ist dieses nur auf die Eisenbahn, die Büfetts an den Bahnhöfen und hier und da auf europäisch eingerichtete Hotels beschränkt.«[6] Die Reise im Raum wurde für Masaryk zu einer Reise in der Zeit. Das rückständige Russland erschien ihm als das, »was Europa war«.[7] Aus Masaryks Sicht lag der neue tschechoslowakische Staat in der »Mitte Europas« und konnte als Hochkultur den deutschen Unterdrückern in Berlin und Wien auf Augenhöhe begegnen.

Masaryk war es gelungen, den amerikanischen Präsidenten Woodrow Wilson vom tschechoslowakischen Staatsprojekt zu überzeugen. Masaryk veröffentlichte am 18. Oktober 1918 eine »Unabhängigkeitserklärung« – also ein politisches Dokument, dessen Genre in Washington wohlbekannt war. Ähnlich ging Ignacy Paderewski vor, der 1917 in einem Memorandum für Wilson das Amt eines »Präsidenten der Vereinigten Staaten von Polen« entwarf. Allerdings zerstörte Paderewski die Anschlussfähigkeit an die amerikanische politische Kultur sogleich wieder, als er forderte, der polnische Präsident solle gleichzeitig den Titel eines Königs von Polen, Litauen, Polesien und Galizien tragen. Während Polen und die Tschechoslowakei als Gewinner aus dem Vertragswerk von Versailles herausgin-

6 Thomas G. Masaryk, *Zur russischen Geschichts- und Religionsphilosophie*. Soziologische Skizzen, Jena 1913, S. 4.

7 Ebd., S. 8.

gen, erlitt Ungarn eine bittere Niederlage. Wilson war gegen Ungarn voreingenommen. Bereits 1908 hatte er in einem wissenschaftlichen Aufsatz darauf hingewiesen, dass das mittelalterliche Ungarn die Privilegien des Adels gestärkt und nicht wie England Grundrechte definiert habe.

Als Wilson im Dezember 1918 das Dampfschiff in die alte Welt bestieg, besuchte er zum ersten Mal im Leben Europa, das sich für ihn aber auf die Metropolen London, Paris und Rom beschränkte. Er setzte nie einen Fuß auf polnisches, tschechoslowakisches, ungarisches oder jugoslawisches Territorium. Auf der Überfahrt wurde Wilson von zwei jungen Osteuropa-Experten begleitet, die kurz zuvor in Harvard promoviert hatten. Robert Howard Lord hatte über die polnischen Teilungen gearbeitet und war nun vom Gedanken beseelt, dieses historische Unrecht rückgängig zu machen. Robert Kerner verfügte über tschechische Wurzeln und war ein Spezialist für die südslawischen Länder. Kerner befürwortete sowohl das tschechoslowakische als auch das jugoslawische Staatsprojekt. Forderungen nach einem Erhalt der Doppelmonarchie hielt er für eine Verschwörung des internationalen Judentums. Wilson rechnete im berühmten 14-Punkte-Programm vom Januar 1918 zunächst noch mit einer Föderalisierung Österreich-Ungarns. Allerdings lehnte er die katholische Donaumonarchie fast ebenso energisch ab wie das muslimische Osmanische Reich. Während einer Audienz im Vatikan im Januar 1919 weigerte er sich sogar, vor dem Papst niederzuknien. Aus konfessionellen Gründen war es für Wilson deshalb einfach, einer Auflösung des

Habsburgerreichs zuzustimmen. Umgekehrt war er Geschäftsmann genug, um von Polen, der Tschechoslowakei, Serbien und Rumänien einen finanziellen Beitrag für die militärische Unterstützung durch die Entente einzufordern.[8]

Nach der Katastrophe des Ersten Weltkriegs wurde in Deutschland bisweilen die Wertigkeit von Ost und West umgekehrt. Oswald Spengler erklärte in seiner »kulturmorphologischen« Untersuchung mit dem programmatischen Titel *Der Untergang des Abendlandes* die Lebenskraft der westeuropäischen Nationen für erschöpft und prognostizierte eine neue russische Hochkultur. Für Spengler war klar, dass Deutschland nicht zum Westen gehörte und deshalb von den Dekadenzerscheinungen in England und Frankreich nur am Rande berührt wurde. Allerdings schien sich Spengler seiner Sache angesichts der Machtübernahme der Bolschewiki nicht mehr ganz so sicher zu sein. Ein geplantes Schlusskapitel für den zweiten Band sollte den Titel »Das Russentum und die Zukunft« tragen. Es wurde nie geschrieben.

Von Flügelkämpfen zwischen den Anglophilen und den Russophilen war auch die Nationalsozialistische Partei geprägt. »Ich habe manchmal so große Sehnsucht nach dem unendlichen Reußenlande. Wann wirst du in deiner Reinheit erwachen, Seele der neuen Form, russische Seele. O, diese großen Russen! Ich liebe sie sehr!«, notierte der junge Joseph Goebbels 1923 in seinem Ta-

8 Larry Wolff, *Woodrow Wilson and the Reimagining of Eastern Europe*, Stanford 2020, S. 91, 95, 98, 117f., 123.

gebuch, nachdem er Nikolaj Gogols Roman *Die toten Seelen* gelesen hatte. Von Dostojewski war der spätere Propagandaminister so beeindruckt, dass er ihn in seinen eigenen missratenen Werken wie dem Christusdrama *Der Wanderer* und dem Roman *Michael* zu imitieren versuchte. Es gehört zu den Ironien der Geschichte, dass Goebbels später auf die Generallinie der Nationalsozialisten einschwenken musste. Hitler hatte in *Mein Kampf* behauptet, dass die »minderwertige russische Rasse« nach ihrer Unterwerfung durch den jüdischen Bolschewismus jegliches Recht auf Selbstbestimmung verwirkt habe.

Aus amerikanischer und deutscher Perspektive repräsentierte Russland – zumal nach der Oktoberrevolution – das radikal Andere, während die neuen Nationalstaaten zwischen Ostsee und Schwarzem Meer nach dem Ersten Weltkrieg entweder an eine frühere Staatlichkeit anknüpfen konnten oder nach westeuropäischen Mustern entworfen wurden. Damit stellte sich aber auch die Frage, ob die Zerfallsprodukte des Zarenreichs und der Donaumonarchie einen »osteuropäischen Raum« bilden oder ob Binnendifferenzierungen vorzunehmen sind.

Zwei oder drei Kulturräume?

In den Köpfen der Menschen entstehen Kulturräume oft aus binären Oppositionen. Der Eiserne Vorhang, der in der zweiten Hälfte des 20. Jahrhunderts Europa durchtrennte, förderte die Wahrnehmung eines tiefgreifenden kulturellen Unterschieds zwischen einem innovativen Westen und einem trägen Osten. Eine Folge dieses Vorurteils besteht heute darin, dass kein Volk zu »Osteuropa« gehören will. Wenn ein größerer regionaler Zusammenhang aufgerufen werden soll, dann kann das für die ehemaligen Staaten des »Ostblocks« allenfalls »Nordeuropa«, »Zentraleuropa«, »Mitteleuropa« oder sogar »Eurasien« sein. Gibt es also Osteuropa und wenn ja, wie viele?

Zahlreiche kulturelle Phänomene können nur durch die Einführung einer Zwischenregion zwischen West- und Osteuropa erklärt werden. Die gleichzeitig berühmteste und berüchtigtste Abhandlung über »Mitteleuropa« stammt von Friedrich Naumann, der 1915 sein Programm eines liberalen Imperialismus vorlegte. Aus seiner Sicht hätte der Erste Weltkrieg mit einer Vereinigung des Deutschen Reichs und der Donaumonarchie enden müssen. Dieser mitteleuropäische Staat unter deutscher Führung wäre groß genug gewesen, um sich gegenüber dem »englisch-französischen Westbund« auf der einen Seite und Russland auf der anderen Seite zu behaupten. Naumann war aber Realist genug, um auf eine Reihe tiefgreifender Unterschiede zwischen dem protestantischen, urbanen, zentralisierten Deutschland und dem katholischen, ländlichen, »zerbröckelnden« Österreich-Ungarn hinzuweisen. Mitteleuropa müsse erst hergestellt werden. Naumann erblickte die Chance dafür in einer intensiven wirtschaftlichen und militärischen Zusammenarbeit innerhalb des neuen Staats. Eine liberale politische Ordnung sollte den mitteleuropäischen Staat für alle Bürger ungeachtet ihrer Nationalität attraktiv machen. Gerade die Kriegserfahrung führte Naumann dazu, den Schützengraben als entscheidendes Kriterium für die Grenzziehung des neuen mitteleuropäischen Staates zu definieren: »Denn das ist das erste und wichtigste kriegstechnische Ergebnis, dass künftig nur noch in langen Linien gefochten werden wird und dass der Schützengraben die Grundform der Vaterlandsverteidigung sein wird. Die Politik des Schützengrabens besteht darin, dass jeder Staat sich ausrechnet, welche Grenzen er in den Schützengrabenzustand versetzen kann oder nicht.« Naumann erwartete, dass neue »Römerwälle« und »chinesische Mauern aus Erde und Stacheldraht« entstehen werden. Europa werde »zwei lange Wälle von Norden nach Süden« bekommen. Der erste reiche »vom Unterrhein bis zu den Alpen«, der andere »von Kurland bis rechts oder links von Rumänien«.[9] Allerdings wurden Naumanns Pläne vom Untergang des deutschen Reichs und der Doppelmonarchie zunichtegemacht. Die Alliierten zwangen die Deutschösterreicher in einen eigenen Rumpfstaat, der erst nach zwanzig Jahren einen prekären Anschluss an Nazi-Deutschland erlebte.

Im Unterschied zu Naumann gehörte Deutschland für viele Denker aus dem östlichen Europa nicht zum dritten europäischen Kulturraum, sondern war klar dem Westen zuzurechnen. Der ungarische Historiker Jenő Szűcs nahm in seinem wegweisenden Essay *Die drei historischen Regionen Europas* (1979) zwei Kul-

9 Friedrich Naumann, Mitteleuropa, in: ders., *Schriften zum Parteiwesen und zum Mitteleuropaproblem*, Köln, Opladen 1964, S. 485-766, S. 490, 496, 502.

turgrenzen wahr, von denen die eine der Linie Elbe-Saale-Leitha folgte, während die andere vom Baltikum durch die Wälder zwischen Polen und Russland über die östlichen Karpaten bis zur unteren Donau verlief. Szűcs nennt diesen dritten Kulturraum zwischen West und Ost »Ostmitteleuropa« und zeigt, dass sich hier westliche und östliche Entwicklungen überlagern. Er greift in seiner Analyse weit in das Mittelalter aus und erklärt die Entstehung der Zwischenregion aus dem verzögerten Einfluss der modernen Bürgergesellschaft unter den Bedingungen eines traditionellen Machtsystems. Weiter im Osten, in Russland, habe es kaum eine kapitalistische Entwicklung gegeben: Der Zar schloss mit dem Adel einen Stagnationspakt und konsolidierte den politischen und sozialen Status quo, der als Anachronismus bis ins Jahr 1917 andauerte. Das Habsburgerreich zeigt aus Szűcs' Perspektive in exemplarischer Weise, wie die politische Elite einem »östlichen« Herrschaftsmodell folgte und eine aufsteigende »westliche« Bürgerschicht in Schach zu halten versuchte.[10] Damit bezieht sich Szűcs auf die Interpretation seines akademischen Lehrers István Bibó, der das Habsburgerreich als »unheilvolles Staatsgebilde« bezeichnete. Bibó wies darauf hin, dass das Land unter Maria Theresia nicht einmal einen Namen hatte und nur ein lockerer Nationenverbund war. Für Bibó stellte das Wiener Herrschaftssystem eine unnatürliche Klammer dar, die eine »Genese normaler Nationalstaaten« in Osteuropa ver-

10 Jenő Szűcs, *Die drei historischen Regionen Europas*, Frankfurt am Main 1994, S. 80.

unmöglicht habe. Er erblickte das wesentliche Merkmal von Nord- und Westeuropa in der »Verbindung von Nationalismus und Demokratie«, die nicht wie in Osteuropa »pathologisch« deformiert worden sei.[11] Ein »normaler« demokratischer Nationalstaat ruhe in der Gewissheit seiner eigenen legitimen Existenz: »Demokrat zu sein heißt in erster Linie, keine Angst zu haben: keine Angst zu haben vor der Meinung der anderen, vor den Anderssprachigen, den Andersrassigen, vor der Revolution, der Verschwörung, den unbekannten bösen Absichten des Feindes, vor der feindseligen Propaganda, der Geringschätzung und überhaupt vor all jenen imaginären Gefahren, die nur dadurch zu wirklichen Gefahren werden, weil wir Angst vor ihnen haben.«[12]

Bibó blieb allerdings nicht bei einer einseitigen Kritik an Osteuropa stehen. Er bezeichnete die Französische Revolution als größten Sieg und größte Niederlage der westlichen politischen Kultur: Einerseits gelang es, die feudale Gesellschaft demokratisch neu zu organisieren, andererseits wurden die Bürger durch den Terror in Angst und Schrecken versetzt. Die fatale Folge dieser Ambivalenz seien die sich immer wiederholenden Geschichtszyklen von Reaktion und Revolution.

Aus Bibós Sicht kann der Westen im Osten seine eigene Vergangenheit beobachten. Der entfernte Raum repräsentiert eine entfernte Zeit, die aber immer mehr aus dem westlichen Bewusstsein verschwindet. Der Westen

11 István Bibó, *Die Misere der osteuropäischen Kleinstaaterei*, Frankfurt am Main 1992, S. 13f.

12 Ebd., S. 51. Hervorhebungen im Original.

sei in der Einrichtung seiner politischen und sozialen Institutionen so weit vorangeschritten, dass er ihren Ursprung schon vergessen habe. Die osteuropäische Philosophie könne den Westen an die christlichen und moralischen Wurzeln seiner eigenen Existenz erinnern. Aus Bibós Sicht haben die Osteuropäer das Bewusstsein, aber nicht die Erfahrung der europäischen Werte. Westeuropäer müssten deshalb den Ursprung ihrer Werte neu von Osteuropa lernen.[13]

Bibó stützte sich auf die Arbeiten seines Lehrers Guglielmo Ferrero, der die Domestizierung der »Angst« nachgerade zum wichtigsten Moment der Entwicklung moderner Gesellschaftsordnungen erhoben hatte.[14] Aus Ferreros Sicht reichte es nicht aus, Gewalt einzudämmen; erst die Beseitigung der Angst vor Gewalt befriedet eine Gesellschaft. Ferrero dachte in großen historischen Analogien. 1919 fragte er sich, ob Europa nicht am Anfang eines neuen hundertjährigen Kriegs stehe und daher wie das antike Rom unterzugehen drohe. Die Pariser Vorortverträge waren in seinen Augen nicht geeignet, den Frieden zu sichern. Hellsichtig beobachtete er, dass die Deutschen und die Ungarn, die in der Donaumonarchie die Herren waren, in den neu geschaffenen osteuropäischen Staaten nun die Knechte seien, und zwar unter einem viel härteren Regime. Gleichzei-

13 Robert Nandor Berki, The Realism of Moralism. The Political Philosophy of István Bibó, in: *History of Political Thought* 3/1992, S. 513-534, S. 523, 530.

14 Thomas I. Cook, Guglielmo Ferrero (1871-1942) and the Bi-Polar World, in: *The Western Political Quarterly* 5 (1952), S. 20-30, S. 21. Donatella Pacelli, »Il problema della legittimità in Guglielmo Ferrero«, in: *Studi di Sociologia* 28 (1990), S. 207-213, S. 208.

tig glaubte er, dass auch kleine Staaten überlebensfähig seien. Gerade in Osteuropa fand er ein »barbarisches unverbrauchtes Element«, das ein Gegengewicht zur westeuropäischen Latinität bilden könne.[15] Ferrero zeigt mit seiner »big history«, dass kulturelle Heterogenität den Frieden in einer Gesellschaft eher zu sichern vermag als die Hegemonie einer Titularnation.

Der österreichisch-polnische Historiker Oskar Halecki legte nach dem Zweiten Weltkrieg eine ähnliche Konzeption vor. Er verwies auf die kulturelle Eigenart der Gebiete zwischen Deutschland und Russland, die ein »eigentliches östliches Bollwerk europäischer Kultur« darstellten.[16] Natürlich schrieb Halecki aus einer polnischen Perspektive und versuchte dem Westen klarzumachen, dass sich in der polnischen Frage eigentlich das Problem von ganz Ostmitteleuropa spiegele. Als Vorbild für diese Position diente ihm Fürst Adam Czartoryski, der im 19. Jahrhundert Polen als Vorreiter aller unterdrückten Nationen verstand. Halecki kritisierte auch die Obstruktionspolitik der Deutschösterreicher, die alle Versuche einer Gleichberechtigung der Slawen in Politik und Bildung lange Zeit erfolgreich boykottiert hätten. Einen Beleg dafür erblickte er in der Tatsache, dass erst 1907 das allgemeine gleiche Wahlrecht in Österreich eingeführt wurde.[17]

15 Bogdan Raditsa, Guglielmo Ferrero et les Slaves du Sud, in: *Cahiers Vilfredo Pareto 4* (1966), S. 83-97, S. 85, 95.

16 Oskar Halecki, *Europa. Grenzen und Gliederung seiner Geschichte*, Darmstadt 1957, S. 127.

17 Oskar Halecki, *Grenzraum des Abendlandes. Eine Geschichte Ostmitteleuropas*, Salzburg 1952, S. 316f., 331, 360.

Milan Kundera übernahm die Dreiteilung Europas in seinem einflussreichen Essay »Die Tragödie von Zentraleuropa« aus dem Jahr 1984. Er sprach von einer Region, die »kulturell im Westen« und »politisch im Osten« angesiedelt sei. Kundera hob die revolutionäre Kraft der Kultur in »Zentraleuropa« hervor, die sich gegen die Diktatur aus dem »Osten« aufbäume. So sei der ungarische Aufstand 1956 von einer Gruppe ausgegangen, die sich den Namen des Nationaldichters Sándor Petőfi auf die Flagge geschrieben hatte. Die tschechische literarische Kultur habe zum Prager Frühling 1968 geführt. Und die Warschauer Studentenrevolte von 1968 sei die Reaktion auf die Absetzung eines Theaterstücks von Adam Mickiewicz gewesen.[18] Anfang 1985 erneuerte Kundera in einem weiteren Artikel seine Diatribe gegen das zaristische Russland und die Sowjetunion. Besonders abschätzig äußerte er sich dabei über das Werk von Fjodor Dostojewski. Diesmal blieb seine Anklage nicht unwidersprochen. Joseph Brodsky wandte sich gegen die pauschale Verurteilung der russischen Kultur als einer fiebrigen Phantasie. Er verwies auf die subtile Psychologie in Dostojewskis Romanwerk. Vor allem warf er Kundera vor, den Zeigefinger in östliche Richtung zu strecken, woher angeblich alles Böse komme: Dostojewski und die Panzer des Warschauer Pakts, die den Prager Frühling niedergewalzt hatten.[19]

Die Debatte zwischen Kundera und Brodsky ist be-

18 Milan Kundera, The Tragedy of Central Europe, in: *New York Review of Books* 7 (26.04.1984), S. 33-38.

19 Joseph Brodsky, Why Milan Kundera Is Wrong About Dostoyevsky, in: *The New York Times* (17.02.1985). ⟨https://archive.

zeichnend für das Selbstverständnis vieler Nationalkulturen in Osteuropa. Nicht nur die Tschechen, sondern auch die Polen oder die Ukrainer grenzen sich oft gegenüber Russland ab und betonen ihre Zugehörigkeit zum abendländischen Kulturraum. Diese Frontstellung bleibt nicht ohne Folgen für das Selbstverständnis russischer Intellektueller. Sie müssen sich in einer Kultur orientieren, in der sich Eigenes und Fremdes verschränken. Durch den russischen Angriffskrieg in der Ukraine ist auch eine literarische Epoche zu Ende gegangen. In Russland haben sich fast alle führenden Autoren gegen die Aggression gewandt. Es herrscht Konsternierung vor – und die Einsicht, dass sich Russland für die kommenden Generationen moralisch vollkommen diskreditiert hat. In anderen osteuropäischen Literaturen hat sich das Verhältnis zu Russland radikal gewandelt – es gibt keine unpolitische Verwendung der künstlerischen Sprache mehr. Das Spektrum der Reaktionen der Schriftsteller reicht von ratlosem Verstummen über verzweifeltes Ringen um Fassung bis hin zu offener Empörung.

Politische Herausforderungen für die russische Literatur

In den 1990er Jahren dominierte in Russland ein verspieltes postmodernes Schreiben, das die ideologiege-

nytimes.com/www.nytimes.com/books/00/09/17/specials/brodsky-kundera.html⟩.

sättigte Sowjetkultur literarisch bewältigen wollte. Bereits 1989 hatte Viktor Jerofejew pointiert festgehalten, dass Literatur, die mehr als Literatur sein wolle, schon deshalb weniger als Literatur sei. Um das Jahr 2000 fand ein Generationswechsel statt. Junge Autoren wandten sich in einem »neuen Realismus« der postkommunistischen Wirklichkeit zu und suchten nach Stilformen, die nicht einfach westeuropäische Muster imitierten. Auch literarische Provokateure drängten auf die Bühne. So veröffentlichte der rechtsradikale Autor Zachar Prilepin 2006 seinen Roman *Sankja*. Als Protagonist tritt hier ein gewaltbereiter Patriot auf, der romantische Diskussionen über die Zukunft Russlands führt, sich rührend um seine Mutter in der Provinz kümmert und eine Liebesaffäre mit einer Aktivistin durchlebt. Der Roman endet mit dem Märtyrertod des Helden im Barrikadenkampf gegen die russische Polizei. 2007 gründete Prilepin mit Alexej Nawalny eine nationalistische Vereinigung und kritisierte das System Putin scharf. Russlands militärische Aggression gegen die Ukraine im Jahr 2014 führte bei Prilepin zu einem bizarren Frontwechsel. Mit der Annexion der Krim verwandelte sich Putin vom politischen Gegner zum Garanten von Prilepins eigenen imperialen Plänen. Prilepin tauchte nun plötzlich in Uniform und mit Waffe im Donbass auf. Seine ideologische Häutung verarbeitete er im Buch *Der Stoßtrupp. Offiziere und Freischärler in der russischen Literatur* (2017). Auf über 700 Seiten rekonstruiert Prilepin, wie klassische und romantische Dichter von Derschawin bis Puschkin ihre patriotische Pflicht mit der Waffe in der Hand erfüllten. *Der Stoßtrupp* markiert aber nicht das Ende, sondern den Anfang von Prilepins neuem professionellem Selbstverständnis. Auf seinem Facebook-Profil bezeichnet er sich unter der Rubrik »Beruf« als »Offizier der Armee der Donezker Volksrepublik«. Im Fluchtpunkt dieses Projekts steht natürlich Prilepins wenig bescheidene Aspiration auf die Nachfolge Puschkins und den Platz des russischen Nationaldichters im 21. Jahrhundert. Allerdings fehlt der vielleicht wichtigste schreibende Offizier in Prilepins Buch: Lew Tolstoi kämpfte zwar verwegen im Krimkrieg und liebte es, als junger Schriftsteller in voller Uniform und mit prächtigem Offiziersschnurrbart für Fotos zu posieren. Er eignet sich aber herzlich wenig als Rollenmodell für Prilepin, weil er im Alter zu einem radikalen Pazifisten und einem erbitterten Gegner des Zaren wurde. Im russischen Krieg gegen die Ukraine positionierte sich Prilepin klar auf der Seite des Kremls und begrüßte die Selbstisolation Russlands. Ironisch fügte er hinzu: »Das einzige Problem wird für mich sein, wie ich nach Stockholm komme, um den Nobelpreis entgegenzunehmen.« Prilepin steht mit seiner Unterstützung für Putin nicht alleine da. In der »Literaturnaja gaseta« sprachen sich über zweihundert Autoren für den russischen Angriffskrieg aus. Allerdings gehören außer dem Science-Fiction-Autor Sergej Lukjanenko alle Namen zur zweiten oder dritten Garnitur.

Auf der anderen Seite gibt es eine ganze Reihe von Autoren, die sich gegen die Schließung der Gesellschaft wenden. Am deutlichsten haben Ljudmila Ulitzkaja und Boris Akunin gegen die autoritären Tendenzen des Kremls protestiert. Allerdings ist ihr Wirkungskreis beschränkt, weil die russische Kultur nach dem Ende der Sowjetunion ihre Literaturzentriertheit verloren hat. Seit 2014 ist die allgegenwärtige Fernsehpropaganda stärker als jede literarische oder publizistische Wortmeldung. Sowohl Ulitzkaja als auch Akunin hatten seit der Annexion der Krim nur noch wenig Hoffnung auf einen politischen Wandel und lebten in einer Halb-Emigration. Ulitzkaja pendelte zwischen Moskau und Italien, Akunin verbrachte viel Zeit in der Normandie und kündigte an, er werde »ab und zu vorbeischauen, ob der allgemeine Rausch vorüber« sei. Gemeinsam mit anderen Schriftstellern haben Ulitzkaja und Akunin den russischen Überfall auf die Ukraine scharf verurteilt und von einer nationalen »Schande« gesprochen. Ulitzkaja ist im März 2022 nach Berlin übergesiedelt, Akunin hält sich in London auf. Beide rufen gemeinsam mit der Crème der Gegenwartsliteratur (Alissa Ganiewa, Alexander Ilitschewski, Vladimir Sorokin u. a.) alle Russischsprachigen dazu auf, den Russen in Russland zu erklären, was in der Ukraine vor sich geht. Akunin hat überdies mit dem Balletttänzer Michail Baryschnikow und dem Ökonomen Sergej Gurjew eine Organisation mit dem programmatischen Namen »Das wahre Russland« gegründet, die Flüchtlinge aus der Ukraine unterstützt.

Sergej Lebedew und Michail Schischkin leben beide aus privaten Gründen im Ausland, verstehen sich aber explizit nicht als Emigrationsschriftsteller. Sergej Lebedew wirft den russischen Intellektuellen vor, sich auf das Thema der Korruption zu versteifen, statt die stalinistischen Verbrechen und die Tschetschenienkriege aufzuarbeiten. Seine Kritik richtet sich explizit gegen den Oppositionspolitiker Alexej Nawalny, der allerdings seine politischen Überzeugungen mit einem hohen persönlichen Einsatz beglaubigt. Lebedew glaubt auch, dass es für die Russen noch zu früh sei, bei den Ukrainern um Vergebung zu bitten. Zuerst müssten die Kriegsverbrecher im Kreml abgeurteilt werden. Michail Schischkin lehnt die konservative Leitkultur ab und fordert ebenfalls ein neues »Nürnberg« für die Verantwortlichen des russischen Angriffs auf die Ukraine.

Ein interessantes Verhaltensmodell hat Dmitrij Bykow ausgearbeitet. Er hatte seine literarische Karriere als patriotischer und antiwestlicher Satiriker begonnen. Bis heute bezeichnet er die Sowjetunion als »Höhepunkt der russischen Geschichte«. Zwar sei die Sowjetunion ebenso unfrei gewesen wie der heutige Staat, habe aber auf einem höheren intellektuellen Niveau gestanden. Nach den Massenprotesten von 2011 stellte er das Internetprojekt »Dichter und Bürger« vor. Bykow zitiert mit diesem Titel ein berühmtes Poem von Nikolaj Nekrassow aus dem Jahr 1855, in dem sich folgende programmatische Zeilen finden: »Dichter musst du nicht unbedingt sein, aber Bürger zu sein bist du verpflichtet.« Bykow deutete diesen Auftrag auf eigenwillige Weise: In satirischen Versen, die keinen Anspruch auf literarische Lorbeeren erheben, kommentierte er die Tagespolitik. Die Krim-Annexion stürzte Bykow in ein Dilemma. Einerseits musste ihm die territoriale Erweiterung seiner Heimat gefallen, andererseits hatte er sich in der Öffentlichkeit als scharfer Putin-Kritiker positioniert. Durch seine mutigen Interventionen war Bykow sogar ins Fadenvisier der Geheimdienste geraten. Im

Frühjahr 2019 wurde er mit Vergiftungserscheinungen in ein Krankenhaus eingeliefert. Zunächst behauptete Bykow, er habe etwas Verdorbenes gegessen. Erst nach dem Giftanschlag auf Nawalny im August 2020 notierte Bykow in seinem Blog: »Für mich war von Anfang an klar, dass ich das Opfer einer zielgerichteten Attacke geworden war. Warum habe ich so lange behauptet, es sei eine gewöhnliche Lebensmittelvergiftung? Weil es mir nicht gefällt, ihnen zu verstehen zu geben, dass sie ihr Ziel erreicht haben.« Bykows verspätetes Eingeständnis zeigt, dass er nicht nur eine Oppositionsrolle einnehmen will, sondern die Deutungshoheit des Kremls herausfordert. Nach dem russischen Überfall auf die Ukraine sprach Bykow vom Ende der Moskauer Periode in der russischen Geschichte und vom Neubeginn einer Kiewer Periode. Putins Herrschaft sei eine Verlängerung der Herrschaft des Moskauer Fürstentums, das sich selbst zur fortwährenden Expansion verurteilt habe. Demgegenüber zeichne sich die neue Kiewer Periode durch eine nationale Selbstironie aus, die ihre beste Verkörperung in der Person des früheren Komikers Wolodymyr Selenskij gefunden habe.[20]

20 Dmitrij Bykov, Putin – posmertnyj političeskij proekt, in: *Novaja gazeta* (01.03.2022) ⟨https://novayagazeta.ru/articles/2022/03/01/putin-posmertnyi-politicheskii-proekt⟩.

Russischsprachige Abgrenzungen von Russland in Belarus

Die Diktatoren in Russland und Belarus haben in der jüngsten Vergangenheit ihre zivilisierte Maske abgelegt und zeigen ihre gewaltbereite Fratze. Wie eine anachronistische Insel ragt die Lukaschenka-Diktatur als Fortsetzung eines Sowjetstaats unter postkommunistischen Bedingungen in den Ozean der Gegenwart hinein. Der Kreml scheint sich im Ausbau seiner Repressionen an diesem Modell zu orientieren. Überhaupt besteht eine enge Verbindung zwischen den beiden Staaten, die seit 1997 eine schwach ausgebaute Union bilden. Seit einem Referendum von 1995 verfügt Belarus außerdem über zwei Staatssprachen: das Russische und das Belarussische. Ein guter Teil der belarussischen Literatur wird auf Russisch verfasst. Am berühmtesten ist der Fall der Nobelpreisträgerin Swetlana Alexijewitsch, die ausschließlich auf Russisch schreibt. Sie versteht sich selbst als Chronistin der kommunistischen Utopie und spürt der Sowjetnostalgie der Transformationsverlierer nach, lässt aber auch Gegenstimmen ungefiltert zu Wort kommen. Der radikale Regimekritiker Sascha Filipenko bedient sich ebenfalls des Russischen. Er sieht keinen Grund, Belarussisch zu schreiben: »Wozu? Um die belarussische Sprache zu retten? Die Sprache braucht keine Hilfe, und wer Stalin überlebt hat, überlebt alles.« In seinem Roman *Der ehemalige Sohn* beschreibt er einen jungen Mann, der auf einer Demonstration schwer verletzt wird und nach einem zehnjährigen Koma wieder aufwacht – nur um zu sehen, dass sich in Belarus nichts verändert hat. Filipenko reagierte mit dieser düsteren Vision auf die brutale Niederschlagung der Proteste im Jahr 2010, als sich der Machthaber Lukaschenka zum vierten Mal im Amt bestätigen ließ. Filipenko hatte seinen Wohnsitz 2003 nach St. Petersburg verlegt, reiste aber regelmäßig nach Minsk – auch um an Protesten teilzunehmen. Die größte Herausforderung für Belarus erblickt er in der schwierigen Versöhnung der Bevölkerung, die in eifrige Befürworter und eingeschworene Gegner des Präsidenten gespalten ist.

Viktor Martinowitsch verfasst seine Romane jeweils abwechselnd auf Russisch oder Belarussisch: In der Abfolge seiner Romane seien jeweils die ungeraden Werke auf Russisch und die geraden auf Belarussisch erschienen. Deshalb stößt er – ähnlich wie Swetlana Alexijewitsch – bei seinen belarussischen Schriftstellerkollegen auf offene Kritik. Man werfe ihm vor, sich zu wenig für die eigene Nationalliteratur zu engagieren. Umgekehrt erscheine er aber auch in der russischen Literatur als Fremdkörper. Allerdings übersetzt er seine eigenen Werke nicht selbst in die jeweils andere Sprache. Er begründet dies damit, dass jeder Roman ein sprachlich verfasstes Kunstwerk darstelle. Eine Übersetzung würde das Kunstwerk von Grund auf verändern und einen anderen Roman hervorbringen. In seinem Roman *Revolution* schildert er die Anwerbung eines Universitätsdozenten durch den russischen Geheimdienst. In verschiedenen Episoden beschreibt er den moralischen Verfall seines Protagonisten, der dem unbedingten Gehorsam gegenüber dem Staat sogar die Fähigkeit zu lieben opfert. In Russland ist Martinowitschs Roman auf dem Buchmarkt erhältlich, in Belarus kann der Besitz des Buchs zu strafrechtlicher Verfolgung führen.

Die Situation in Belarus zeigt deutlich, dass die Reduktion des literarischen Kanons auf die belarussische Sprache weder der kulturellen Vielfalt noch dem schöpferischen Selbstverständnis der Autoren gerecht wird. Möglicherweise wird man in Zukunft zwischen einer im engeren Sinne russischen Nationalliteratur und einer breiteren russischsprachigen Literatur unterscheiden müssen.

Ein eigener ukrainischer Literaturraum

Die Politisierung der Literatur in Russland und Belarus folgt oft einem bestimmten Muster: Ein mutiger, wortgewaltiger Einzelner erhebt sich gegen den Staatskoloss. In der Ukraine konnte sich nach 1991 keine autoritäre Herrschaft etablieren. Juri Andruchowytsch reagierte auf das Auseinanderbrechen der Sowjetunion mit seinem Schelmenroman *Moscoviada*: Ein ukrainischer Schriftsteller zieht durch die russische Hauptstadt, die ihm als eine Kloake von Gewalt, Verrat und Tod erscheint. Mit dieser autobiographischen Schilderung führte Andruchowytsch die satirische Tradition der ukrainischen Literatur weiter, die von Iwan Kotljarewski und Petro Hulak-Artemowski im frühen 19. Jahrhundert begründet wurde. Nach 2014 machte sich er sich zum Wortführer eines galizischen Selbstbewusstseins, das sich als kulturelles Piemont für die gesamte Ukraine versteht. Er distanzierte sich auch von einer früheren Entgleisung: Im Jahr 2005 hatte er die Menschen im Donbass als »Neandertaler« bezeichnet, mit denen buchstäblich kein Staat zu machen sei. Nach dem russischen Angriff 2022 rief er seine Mitbürger dazu auf, nur noch die ukrainische Sprache zu verwenden, weil die russische Sprache eine Waffe Putins sei. Es gebe nun nur noch eine Ukraine, die um ihre Freiheit kämpfe.

Juri Andruchowytschs Tochter Sofia bemüht sich in ihren Romanen um eine Integration der verschiedenen ukrainischen Geschichtskulturen. Ihr Roman *Amadoka* (2020) kreist um das Motiv des Vergessens und Erinnerns – der Protagonist hat im Krieg im Donbass sein Gedächtnis verloren. Im Verlauf des Romans kommen schmerzhafte Themen der ukrainischen Geschichte zur Sprache, wie etwa das Schicksal der jüdischen Gemeinschaft oder die Kollaboration mit totalitären Herrschaftssystemen. Sofia Andruchowytsch stützt sich in diesem monumentalen Werk auf Archivrecherchen und wissenschaftliche Forschungsliteratur. Nach dem russischen Überfall auf die Ukraine meldete sich die Autorin in einem beeindruckenden Text zu Wort, in dem sie den Krieg auch als persönliche Sprachkrise bezeichnete. Sie wisse nicht, ob sie in Zukunft noch schreiben könne: »Als ich noch eine Schriftstellerin war, erforschte ich das Trauma, die Schuldgefühle und den Totalitarismus, der menschliche Leben im 20. Jahrhundert zerstörte. Heute leidet jeder Ukrainer unter dem Schuldgefühl, dass er zu wenig mache – in einer Situation, in der er mehr macht, als eigentlich möglich ist. Dieses Trauma hat jeden von uns im Innersten aufgewühlt, aber das Gemeinschaftsgefühl und die Sorge um andere haben eine Energie freigesetzt, die im Normalzustand nicht denkbar ist. Ich weiß nicht, ob ich nach dem Krieg noch Schriftstellerin sein werde. Die Wörter haben ihre Natur geändert.«[21]

Ein ambitioniertes Projekt zur Etablierung einer autonomen ukrainischen Kultur legte Oksana Sabuschko 2010 mit ihrem epischen Roman *Das Museum der vergessenen Geheimnisse* vor. Sie behandelte alle historischen Themen, die nach dem Ende des Sowjetsystems in das Bewusstsein der Gesellschaft zurückkehrten: die verheerende Hungersnot von 1932/33 (Holodomor), die Nazi-Besatzung der Ukraine, die Rolle der Ukrainischen Aufstandsarmee, die innere Kolonisierung der Ukraine durch den Kreml und die Politisierung der Medien im Postkommunismus. Allerdings tappte Sabuschko mit ihrem Roman in die Falle der Selbstviktimisierung. Im *Museum der vergessenen Geheimnisse* kämpfen alle gegen die Ukrainer: die Polen, die Deutschen, die Russen. Sabuschko vertritt das Ideal einer kulturell homogenen Ukraine, die sich gegen verderbliche Einflüsse vor allem aus dem byzantinischen Russland wehren müsse. In ihrem Eifer ging sie so weit, dass sie die ukrainischen Frauen aufforderte, während des Gottesdienstes ihr Haar nicht zu bedecken. Diese ostkirchliche Sitte stelle in der europäischen Ukraine ein fremdes Element dar und müsse mit der Bevormundung

21 Sof'ja Andruchovyč, Robljači bil'še, niž možlivo, in: *Lokal'na istorija* (06.03.2022), https://localhistory.org.ua/texts/chitanka/robliachi-bilshe-nizh-mozhlivo.

der Frau durch den Hidschab verglichen werden. Nach dem russischen Überfall schrieb Sabuschko auf Facebook, dass Europa endlich aufgewacht sei: »Europa schaut mit wahrer Begeisterung auf die Ukraine und ihre Armee und bittet uns, den Europäern beizubringen, wie man so etwas macht, woher dieser Kampfgeist kommt. Die wilde Geschichtshündin hat sich von der Kette losgerissen und stürmt vorwärts. Die Ukrainer bewegen den Globus.«

Für Oksana Sabuschko ist klar, dass die ukrainische Literatur ausschließlich aus ukrainischsprachigen Werken besteht. Dem klassischen Dreigestirn der ukrainischen Literatur hat sie je eine eigene literaturwissenschaftliche Untersuchung gewidmet. Aus ihrer Sicht bilden Taras Schewtschenko, Lesja Ukrainka und Iwan Franko drei grundlegende soziologische Identitäten in der Ukraine ab: die Kosaken, den Adel und die Intelligenzija. Natürlich entsteht aus dieser Arbeit am Kanon auch ihre eigene literarische Identität: Sabuschko versteht sich als Feministin, deren persönliche Emanzipationserfahrung auch auf die ukrainische Gesellschaft ausgedehnt werden kann. Nach dem Massaker in Butscha zog Sabuschko gegen die gesamte russische Kultur vom Leder und meinte, dass »die russische Literatur die Tarnnetze für die russischen Panzer« gewoben habe. Als Beispiel nannte sie Turgenjews Erzählung »Mumu«, in der eine herzlose Gutsbesitzerin ihren alten Diener zwingt, einen Hundewelpen zu töten: »Der Weg für die Bomben ist immer gepflastert mit Büchern und wir sind die ersten Zeugen, die durch ihre Leseentscheidungen das Schicksal von Millionen bestimmen können. Wir müssen einen langen prüfenden Blick auf unsere Bücherregale werfen.«[22]

Eine Gegenposition dazu nimmt der Rockmusiker und Lyriker Serhii Zhadan ein, der aus dem Osten der Ukraine stammt. Obwohl er selbst ausschließlich auf Ukrainisch schreibt, betrachtet er auch russischsprachige Texte als integralen Bestandteil der ukrainischen Literatur. In seinen Romanen beschreibt Zhadan seine ostukrainische Heimat als öde, ausgebeutete Landschaft, die aber gerade wegen ihrer ästhetischen Anspruchslosigkeit die Menschen zu schöpferischer Kulturarbeit aufruft. Bereits 2014 hatte er ein gesteigertes Sensorium für die fragile menschliche Existenz im Krieg entwickelt. Alles geschieht nun im Zeichen des immer drohenden Todes. Zhadan versteht seine Texte als Zeugnisse einer engagierten Zeitgenossenschaft. *Warum ich nicht im Netz bin* (2016) ist eine Sammlung von Gedichten und rhythmisierten Prosastücken, in denen auch die sprachlichen Kategorien Kriegsversehrungen davontragen: »Plötzlich werden aus deinen Bekannten Einberufene, Verwundete und Gefangene.«

In seinem Roman *Das Internat* (2018) hat Zhadan dem seit 2014 andauernden Krieg im Donbass eine gültige literarische Gestalt gegeben. In einer umkämpften Stadt in der Ostukraine will ein Lehrer seinen Neffen aus einem Internat zu sich holen. Der Roman schildert den Irrweg des Lehrers von einem Ende der Stadt zum

22 Oksana Zabushko, No guilty people in the world? Reading Russian literature after the Bucha massacre, in: *The Times Literary Supplement* (22.04.2022), https://www.the-tls.co.uk/articles/russian-literature-bucha-massacre-essay-oksana-zabuzhko/.

anderen – überall lauern Gefahren, im kalten Nebel verschwimmen Freund und Feind, man muss raten, wo es sicherer ist, Ukrainisch zu sprechen und wo Russisch. Die Kriegssituation bringt die allgemeine Orientierungslosigkeit zum Vorschein: Auch der Protagonist des Romans hat sich nie entschieden, zu welcher Seite er gehört. Er traut sich nicht einmal zu sagen, dass er Ukrainisch unterrichtet.

Der russische Einmarsch stellte in einem gewissen Sinn eine neue Eindeutigkeit her. Zhadan rief auf Facebook in regelmäßigen Videoselfies zur Verteidigung Charkiws auf. Die wiederkehrende Schlussformel seiner Posts lautet: »Schlaft, Freunde! Morgen werden wir dem Sieg einen Tag näher sein.«

Die Ereignisse von 2014 haben bei einzelnen Autoren zu einem Sprachwechsel geführt. Der Lyriker Boris Chersonskij aus Odessa schreibt seine Texte seit der Annexion der Krim nicht mehr auf Russisch, sondern auf Ukrainisch. Auch der aus Donezk stammende Wolodymyr Rafejenko hatte seine Poesie und Prosa ursprünglich ausschließlich auf Russisch verfasst. 2014 siedelte er nach Kiew über und wechselte vier Jahre später für sein literarisches Schreiben ins Ukrainische. In einem Interview bekannte er verschmitzt, dass »Russland sich enorm anstrengen musste, damit ich anfing auf Ukrainisch zu schreiben«. In seinem ersten ukrainischsprachigen Roman *Mondegreen* schildert Rafejenko in einer autobiographischen Parabel die dramatische Begegnung der russischen und ukrainischen Sprachkultur.

Mittlerweile hat sich in der Ukraine eine vielsprachige Literatur etabliert, die nur noch von einzelnen Stimmen in Frage gestellt wird. Gerade die aktuelle Renaissance des Nationaldichters Taras Schewtschenko, der seine Poesie auf Ukrainisch und seine Prosa auf Russisch verfasst hat, verweist auf ein offenes Verständnis des ukrainischen Literaturkanons.[23] Letztlich geht es nicht nur um die Integration von Werken in russischer Sprache, sondern um eine vielfältige Präsenz von Autoren, die in polnischer, deutscher, jiddischer, ungarischer oder rumänischer Sprache einen Beitrag zur kulturellen Konstruktion der ukrainischen Nation geleistet haben.

Literatur von den Rändern in Polen

Die engagiertesten Stimmen der polnischen Gegenwartsliteratur kommen aus Schlesien. Olga Tokarczuk und Szczepan Twardoch setzen damit eine prominente Tradition der literarischen Dezentriertheit fort. Gerade die räumliche Distanz zur Hauptstadt Warschau und zur Königsgruft in Krakau stattet die Autoren an den Rändern mit einer Überzeugungskraft aus, die Michel Foucault als »Parrhesie« bezeichnet – als den Mut, die Wahrheit auszusprechen. Bisher tabuisierte Themen wurden zum Gegenstand literarischer Debatten. Man sprach über Homosexualität, über die Vertreibung der Deutschen, über polnische Kollaboration bei der Er-

23 Jenny Alwart, *Mit Taras Ševčenko Staat machen. Erinnerungskultur und Geschichtspolitik in der Ukraine vor und nach 1991*, Köln 2012.

mordung der Juden und über die Macht der katholischen Kirche.

Olga Tokarczuk stammt aus einer ostpolnischen Familie, die nach dem Zweiten Weltkrieg in die »neu erworbenen Westgebiete« zwangsumgesiedelt wurde. Als Intellektuelle passte sie sich nie den Zwängen des kommunistischen Regimes an, gleichzeitig hielt sie aber auch Distanz zum politischen Milieu der Dissidenten. In ihrem Schreiben verweigert sie sich radikal allen ideologischen Schablonen. Das hindert sie allerdings nicht, ihre Stimme im aktuellen geschichtspolitischen Streit zu erheben. So unterzeichnete sie einen Protestbrief gegen ein umstrittenes Gesetz, das unter anderem »die Wahrung des guten polnischen Namens in der Welt« schützen sollte. In einem Interview aus dem Jahr 2001 erklärte sie: »Die Auseinandersetzung mit der Vergangenheit reizt mich sehr. Es gibt keine eindeutige Vergangenheit. Das, was wir als Vergangenheit begreifen, ist nur eine der möglichen Interpretationen, ein Blickpunkt, der nicht den Anspruch erheben kann, objektiv zu sein.« Den literarischen Tatbeweis für diese Aussage trat sie mit dem Roman *Die Jakobsbücher* (2014) an. Neun Jahre hatte Tokarczuk an dem epischen Werk geschrieben. Auf über tausend Seiten wird die untergegangene Welt der polnisch-litauischen Adelsrepublik geschildert. Bereits im vollständigen Originaltitel umspielt Tokarczuk die barocke Üppigkeit ihres literarischen Gegenstands: »Die Jakobsbücher oder Eine große Reise über sieben Grenzen, durch fünf Sprachen und drei große Religionen, die kleinen nicht mitgerechnet«. Im Zentrum des Buchs steht die historische Gestalt des Jakob

Joseph Frank (1726-1791), der sich als Messias verstand. Als Hommage an diese gleichzeitig faszinierende und größenwahnsinnige Gestalt ist auch die umgekehrte, hebräische Seitennummerierung des Buchs zu verstehen. Tokarczuk legitimiert die Rückwärtspaginierung mit dem schönen Satz, dass jede Ordnung nur eine Frage der Gewöhnung sei. Damit setzt die Nobelpreisträgerin des Jahres 2018 einen ironischen Kontrapunkt zur patriotischen Geschichtsschreibung der staatlichen Kulturpolitik.

Szczepan Twardoch ist in der Nähe von Gliwice aufgewachsen. Er hat mit seinen Romanen *Morphin* (2012), *Drach* (2014), *Der Boxer* (2017) und *Das schwarze Königreich* (2018) in schneller Kadenz ebenso eigenwillige wie erfolgreiche literarische Verarbeitungen der polnischen Geschichte vorgelegt. Dabei gerät vor allem die Warschauer Halbwelt in sein Visier. Mit seiner Themenwahl reagiert er polemisch auf die heroische Geschichtspolitik der konservativen polnischen Regierung. Twardochs Schreiben ist allerdings nicht frei von Effekthascherei – vor allem der gezielte Einsatz von Gewaltorgien und Sexszenen wirkt manchmal wie eine Verneigung in Richtung Hollywood. Nach der russischen Invasion in die Ukraine hat sich Twardoch in einem fulminanten Artikel zu Wort gemeldet und den westlichen Intellektuellen geraten, »die Klappe zu halten«: »Lasst eure komplizierten Theoriegebäude, die auf Ignoranz und Arroganz gebaut sind. Ihr wisst wirklich nicht besser als wir, was Russland ist. Nie rollten russische Panzer in den Vororten von Paris; eure Großmütter und Mütter haben keinen Schimmer davon, was das Anrücken der russischen ›Befreier‹ für uns bedeutete, jene Europäer, die sich nach dem Zweiten Weltkrieg auf der schlechteren Seite des Eisernen Vorhangs fanden. Eure exotiktrunkenen Abhandlungen über die ›russische Seele‹ sind wertlos.«[24]

Twardoch stellt sich mit dieser Tirade in die Tradition des engagierten Sprechens, das im Werk von Adam Mickiewicz und Czesław Miłosz seine berühmtesten Ausprägungen gefunden hat. Der Nationaldichter Adam Mickiewicz versteckte in kunstfertig formulierten Texten brisante politische Botschaften, in denen ein romantisch verklärter Widerstand gegen die russische Besatzungsmacht aufschien. Bald wurde sein Name zum Inbegriff des polnischen Patriotismus. Sogar das kommunistische Regime reklamierte den schillernden Nationaldichter für sich, indem es die Parteizeitung *Trybuna Ludu* (»Volkstribüne«) nach dem Vorbild von Mickiewicz' *Tribune des Peuples* benannte. Der stalinistische Präsident Bolesław Bierut wollte in Mickiewicz sogar einen Protokommunisten erblicken, der für den »Weltfrieden« und die »Befreiung der Menschheit« kämpfte. Mickiewicz konnte aber auch für die Gegenseite zum politischen Symbol werden. 1968 wurde eine Theateraufführung der *Vorväter* in Warschau zum Fanal für einen Volksprotest gegen die Machthaber. Die antirussischen Passagen in diesem Werk wurden vom Publikum mit begeistertem Applaus aufgenommen. Die Behörden setzten das Stück ab und lösten damit brei-

24 Szczepan Twardoch: Ihr habt keine Ahnung von Russland, in: *Neue Zürcher Zeitung* (09.04.2022), S. 36f.

te Studentenproteste aus. 1999 erzielte Andrzej Wajda mit der Verfilmung von Mickiewicz' Nationalepos *Pan Tadeusz* einen Kassenschlager in den polnischen Kinos. Noch in der polnischen Netflix-Produktion *1983* aus dem Jahr 2018 zitieren aufmüpfige Studenten Mickiewicz als Inbegriff nationaler Überzeugungen. Die Serie zeigt einen autoritären kommunistischen Staat, der bis in die Gegenwart überlebt und modernste Technologien entwickelt hat.

In der Zwischenkriegszeit warf sich der junge Czesław Miłosz in der Nachfolge Mickiewicz' als junger Dichter zum Erzieher der Nation auf. Den Krieg überlebte er im Untergrund. Nach einem kurzen Flirt mit dem kommunistischen Regime erteilte er dem *Verführten Denken* (1953) in seiner Heimat eine radikale Absage und versuchte in einem autobiographischen Essay »das heimatliche Europa« (1958) zu finden. Wie Mickiewicz verstand sich auch Miłosz als litauischer Autor, der auf Polnisch schreibt. Beide neigten zur Historiosophie: Mickiewicz erging sich im Pariser Exil in esoterischen Spekulationen, Miłosz erwog sogar die Theokratie als ideale Staatsform für Polen. Für die konservative Kulturpolitik der polnischen Regierungspartei dient Mickiewicz als zuverlässiger Kompass, der mit seiner absoluten Verdammung Russlands die Richtung weist. Miłosz hingegen erscheint als unzuverlässiger Kosmopolit. Vor einer Streichung aus dem Kanon der Schullektüre bewahrt ihn allerdings eine späte Ode zum achtzigsten Geburtstag von Johannes Paul II.

Das komplizierte Verhältnis von Staat und Nation ist in Osteuropa bis heute ein Problem. Die Durchmischung verschiedener Nationalitäten stellte große Herausforderungen an die staatliche Organisation und konnte nur begrenzt im Rahmen von Minderheitsgesetzgebungen aufgefangen werden. Die Donaumonarchie bildete für viele ethnische Gruppen den bürokratischen institutionellen Rahmen. In den Lebensläufen vieler Intellektueller vermischten sich kulturelle und ethnische Identifikationen. Rainer Maria Rilke erklärte 1920 in einem Brief: »Ich bin Österreicher, übrigens in Prag geboren, bin mir aber der vielfältigen Zusammensetzung der österreichischen Natur, in deren deutsche Mitte einerseits das Lateinische, andererseits das Slawische weit hineinreicht, von Kindheit an eigentümlich bewusst gewesen; ein Heimatgefühl überkam mich zuerst im Jahre 1899 in Moskau: ich musste mit einem Schlage im russischen Wesen das mit Vertrauteste erkennen und erfahren, in einer wie vagen und unzusammenhängenden Umgebung ich bis dahin gelebt hatte.«[25] Und Ödön von Horváth schrieb im Jahr 1929: »Sie fragen mich nach meiner Heimat, ich antworte: ich wurde in Fiume geboren, bin in Belgrad, Budapest, Pressburg, Wien und München aufgewachsen und habe einen ungarischen Pass – aber: ›Heimat‹? Kenn' ich nicht. Ich bin eine typisch alt-österreichisch-ungarische Mischung: magyarisch, kroa-

25 Rainer Maria Rilke, *Mitten im Lesen schreib ich Dir. Ausgewählte Briefe*, Frankfurt am Main 1998, S. 261.

tisch, deutsch, tschechisch – mein Name ist magyarisch, meine Muttersprache ist deutsch.«[26] Der Bundesgeschäftsführer der SPD, Peter Glotz, der aus einer vertriebenen sudetendeutschen Familie stammte, hielt 1986 fest, dass »Mitteleuropa« zurückgewonnen werden müsse, zunächst als Begriff, dann als Wirklichkeit.[27] Auch heute gibt es noch Selbstbeschreibungen, die gerade den Kulturmix als die eigene kulturelle Identität beschreiben. So versichert der Krakauer Schauspieler Jerzy Stuhr in seinen Memoiren, dass er bei seinen ersten Engagements in einem Theater in Triest nie das Gefühl hatte, er verlasse seinen angestammten Kulturraum. Es werde ihm immer klarer, dass er selbst ein »Mitteleuropäer« (»Mitteleuropejczyk«) sei.[28]

Bezeichnenderweise war für die meisten der relativ jungen Staaten in Osteuropa, die aus der Zerfallsmasse des österreichisch-ungarischen Vielvölkerreichs hervorgingen, das zentralisierte und kulturell homogenisierte Frankreich das ultimative Vorbild. Während die nationalen Einigungen in Italien und Deutschland im 19. Jahrhundert gelangen, scheiterten der Tschechoslowakismus und der Jugoslawismus im 20. Jahrhundert. Weder den Tschechen noch den Serben gelang es, eine überlebensfähige supranationale Identität zu schaffen, ohne die eigenen und die Partnernationen vor den Kopf zu stoßen. Auch die Sowjetunion brach 1991 entlang national definierter Linien auseinander, obwohl die Bresch-

26 Kurt Bartsch, *Ödön von Horvath*, Stuttgart, Weimar 2000, S. 5.
27 Timothy Garton Ash, Mitteleuropa?, in: *Daedalus* 1 (1990), S. 1-21, S. 6.
28 Jerzy Stuhr, *Moje smoki na dobre i złe*, Warszawa 2017, S. 11.

njew-Verfassung von 1977 in einer hochtrabenden Präambel behauptet hatte, dass in den Jahrzehnten sozialistischer Herrschaft ein »Sowjetvolk« entstanden sei.

Der Marxismus hat die Langlebigkeit nationaler Überzeugungen radikal unterschätzt. Die Nationalismen sind im Sozialismus entgegen vollmundiger ideologischer Ankündigungen keineswegs abgestorben, sondern höchstens verdrängt worden. Nach dem Ersten Weltkrieg erwies sich Wilsons Konzept des Selbstbestimmungsrechts der Völker als Chimäre. Weitreichende Grenzverschiebungen führten dazu, dass Staat und Nation nicht zusammenfielen. Später bewirkten der Holocaust, ethnische Säuberungen und Umsiedlungen, dass viele osteuropäische Nationen gegenüber der Zwischenkriegszeit viel homogener wurden. Zahlreiche Staaten beklagen sich darüber, geteilte Nationen zu sein. Russland versuchte zunächst, seine nach 1991 verlorenen Einflussgebiete im Konzept der »Russischen Welt« wieder einzufangen. Der bewaffnete Marsch auf Kiew, die »Mutter aller russischen Städte«, ist im Februar 2022 krachend gescheitert. Für manche konservative Polen bleiben Lwów und Wilno Zentren der eigenen Nationalkultur. Ungarn fühlt immer noch den Schmerz der Wunde von Trianon. Für nationalistische Serben und Kroaten bedeutet das Staatsgebilde von Bosnien-Herzegowina eine ständige Provokation ihrer eigenen nationalen Einigungsträume. Die Albaner fühlen sich benachteiligt, weil sie in drei verschiedenen Staaten leben.

Staatlichkeit verbindet sich in Osteuropa oft mit der prekären Erfahrung von Frustration und Fremdherrschaft. In dieser Situation wird die Kultur zum Medium des nationalen Überlebens überhöht. Die intensivierte literarische Produktion in Polen im 19. Jahrhundert, die gesellschaftliche Bindungskraft des Albanismus, die Reslawisierung der tschechischen Sprache in der böhmischen »Wiedergeburt« sind Beispiele für diese Kulturzentriertheit vieler osteuropäischer Nationen im Zustand der Staatslosigkeit.

Auch religiöse und konfessionelle Befindlichkeiten müssen berücksichtigt werden. Der Katholizismus in Polen hat entscheidend zum Zusammenbruch der kommunistischen Systeme in Osteuropa beigetragen – und diese Gefahr wurde vom sowjetischen Geheimdienst früh erkannt. Bereits 1981, also im dritten Jahr des Pontifikats, gab der KGB ein Attentat auf Johannes Paul II. in Auftrag. In Russland und Serbien kommt der orthodoxen Kirche eine staatstragende Funktion zu. In Polen und in Kroatien haben sich regelrechte katholische Nationalkirchen herausgebildet, die dem orthodoxen Vorbild der östlichen Nachbarstaaten zu folgen scheinen.[29] In Russland und Polen werden neue Sakralbauten offen als nationale Denkmäler eingesetzt. 2020 wurde bei Moskau die »Kirche der russischen Streitkräfte« mit einem 75 Meter hohen Glockenturm eingeweiht. Zunächst war geplant, auf kunstvollen Mosaiken die politische Führung des Kremls abzubilden. Nach Protesten in den sozialen Medien wurde jedoch auf diese Ausschmückung verzichtet. Ebenfalls über gigantische Ausmaße verfügt das 2016 fertiggestellte »Heiligtum

29 Norbert Mappes-Niediek, *Europas geteilter Himmel. Warum der Westen den Osten nicht versteht,* Berlin 2021, S. 233.

der göttlichen Vorsehung« bei Warschau, das 1500 Gläubigen Platz bietet. Der Monumentalbau erinnert an die polnische Verfassung vom 3. Mai 1791 und verfügt auch über ein »Pantheon großer Polen«.

In der Ukraine konkurrierten bis vor Kurzem vier Kirchen mit orthodoxem Ritual um die Gunst der Gläubigen. 2018 entstand in einem religiösen Einigungsakt die »Orthodoxe Kirche der Ukraine«. Präsident Poroschenko nannte den Akt eine »spirituelle Unabhängigkeitserklärung« der ukrainischen Nation. Die tschechische Gesellschaft war lange in Reformierte und Katholiken gespalten und ist heute weitgehend säkularisiert. Die unterschiedlichen Einflusskräfte der Religion auf die osteuropäischen Gesellschaften haben letztlich Gemeinschaften hervorgebracht, die über die Sprachgruppen hinausgehen und zusätzliche Identifikationsangebote schaffen. Die Kraft dieser Bindungen scheint in der Gegenwart im Osten stärker als im Westen zu sein und schafft möglicherweise sogar Abgrenzungsgefühle gegenüber dem »gottlosen Westen«. Allerdings muss man in Rechnung stellen, dass konfessionelle Identifizierungen oft nur als Kultursymbolik auftauchen und nicht unbedingt von einer tieferen Religiosität zeugen. So bezeichnen sich in Russland 70 Prozent der Bevölkerung als »orthodox«, aber nur 30 Prozent geben an, überhaupt an Gott zu glauben.[30] Der russische Überfall auf die Ukraine hat schließlich deutlich gemacht, wie eng die Verbindungen von Kirche und Staat in Russ-

30 Boris Dubin, Aleksej Malašenko, Obraz pravoslavnogo verujuščego v sovremennoj Rossii (08.06.2012), ⟨carnegie.ru/events/?fa=3725⟩.

land sind. Patriarch Kirill hat den russischen Angriff auf die Ukraine bedingungslos unterstützt und von einem »metaphysischen Kampf« gegen schädliche westliche Einflüsse gesprochen.[31]

Postsozialistische Befindlichkeiten

Die Wende von 1990 hat zwar die kommunistischen Regimes in Osteuropa wie Kartenhäuser einstürzen lassen. Das ideologische Vakuum hatte sich allerdings schon mindestens zwanzig Jahre früher ausgebreitet. Niemand glaubte mehr so recht an den Erfolg des sozialistischen Aufbaus. Auf dem 22. Parteikongress 1961 hatte Chruschtschow vollmundig die Errichtung des Kommunismus »in zwanzig Jahren« angekündigt. Als dieses Datum immer näher rückte, griffen die Chefideologen des Kremls zu einem Trick. Sie schoben die zeitlich undefinierte Epoche des »entwickelten Sozialismus« in das marxistische Geschichtsmodell ein und verankerten sie prominent in der Präambel der Breschnjew-Verfassung von 1977. In der späten Sowjetunion stand die Zeit still. Man hatte die Bevölkerung zwar auf eine lichte Zukunftserwartung eingeschworen, pferchte sie aber im Vorhof des verheißenen Paradieses ein. »Alles war für immer, bis es nicht mehr war« – so hat der amerikanische Sozialanthropologe Alexei Jurtschak das Lebens-

31 Natalija Zenger, Regula Zwahlen, Stefan Kube, Der Krieg in der Ukraine und die Rolle der Kirchen, in: *Religion und Gesellschaft in Ost und West* 3 (2022), S. 16-19.

gefühl der letzten sowjetischen Generation beschrieben.[32]

In den osteuropäischen Satellitenstaaten gab es im Unterschied zur Sowjetunion alternative politische Ordnungsmodelle. Die sozialistischen Regimes in Ostmitteleuropa hatten statt vier Generationen nur zwei Generationen geprägt. Die Staaten zwischen Ostsee und dem Schwarzen Meer konnten immerhin auf eine zwanzigjährige staatliche Unabhängigkeit in der Zwischenkriegszeit zurückblicken, in der die Stärkung der Nationalkultur eine zentrale Rolle gespielt hatte. Im Frühjahr 1990 bereiste der amerikanische Journalist John Feffer Osteuropa und unterhielt sich mit den Menschen, die sich nun in einer Welt ohne Eisernen Vorhang wiederfanden. Die meisten waren überzeugt, dass sie in fünf Jahren wie Westeuropäer leben würden. Ein Vierteljahrhundert später wiederholte Feffer seine Reise und sprach erneut mit seinen Interviewpartnern. Mittlerweile hatte sich Ernüchterung breitgemacht und der kapitalistische Liberalismus, auf den man alle Hoffnungen gesetzt hatte, war ein »gestürzter Gott«.[33]

Der bulgarische Politologe Ivan Krastev hat das osteuropäische Unbehagen über die westlichen Anforderungen hinsichtlich Demokratie, Marktwirtschaft und Rechtsstaatlichkeit als Folgen eines »Nachahmungsimperativs« gedeutet: Die europäische Integration habe

32 Alexei Yurchak, *Everything was Forever, Until it was No More. The Last Soviet Generation*, Princeton 2006.

33 John Feffer, *Shock Waves. Eastern Europe after the Revolutions*, Boston 1992; John Feffer, *Aftershock. A Journey into Eastern Europe's Broken Dreams*, London 2017, S. 34.

sich als Aufforderung herausgestellt, alle Nationen müssten letztlich so werden wie Deutschland. Zu Beginn der 1990er Jahre entfaltete die »deutsche Perspektive« einige Strahlkraft in Osteuropa. Mittlerweile gibt es in Brüssel eine Erweiterungsfatigue, während man in Osteuropa das westliche Modell zunehmend in Misskredit bringt und nach Alternativen sucht. In seinem Buch *Europadämmerung* beschreibt Krastev die Kern-EU als einzigartiges Ökosystem, das den Galapagos-Inseln gleiche. Dort gedeihen Pflanzen und Tierarten, die für sich selbst genommen wunderbar sind, aber keinen Bezug zur Außenwelt haben. Genauso verhalte es sich mit der europäischen Nulltoleranz für Korruption. Sie beanspruche zwar in Finnland, Deutschland oder Frankreich selbstverständliche Geltung, sei aber Fremdkörper in den osteuropäischen EU-Mitgliedstaaten, die über eine gewaltgeprägte Vergangenheit verfügen. Krastev diagnostiziert innerhalb der EU ein westliches Wertediktat, das sogar zu einer neuen Ost-West-Spaltung Europas führen könne.[34]

Die Kulturwissenschaftlerin Aleida Assmann hat Krastev widersprochen und ihm vorgeworfen, er sei ein Fatalist seiner eigenen dichotomischen Geschichtskonstruktion. Den »Westen« als liberales und kapitalistisches Projekt gebe es in dieser reinen Form gar nicht. Viel wichtiger sei das Thema der Menschenrechte, das seit der Schlussakte von Helsinki 1975 auf beiden Seiten des Eisernen Vorhangs auf erhebliche Resonanz gesto-

34 Ivan Krastev, *Europadämmerung. Ein Essay,* Berlin 2017.

ßen sei.[35] In der Tat haben in den 1990er Jahren die meisten Staaten des ehemaligen Ostblocks die Europäische Menschenrechtskonvention unterzeichnet und dadurch die Wichtigkeit dieser Werte hervorgehoben, auch wenn das Verständnis dieser Werte unterschiedlich war.

Heute stehen vor allem Polen und Ungarn am Pranger der europäischen Kommission. Jarosław Kaczyński kündigte bereits in den 1990er Jahren dem »postkommunistischen Filz« den Kampf an, er sah das von einer liberalen Regierung gelenkte Polen »in Ruinen« und verordnete seinem Land einen »Wandel zum Guten«.[36] Gemeint war damit, dass nicht jeder das tun könne, was er wolle, sondern »das Gute« tun müsse.[37] Viktor Orbán erklärte im Jahr 2014 publikumswirksam, er wolle in Ungarn eine »illiberale Demokratie« errichten. Die Europäische Union ist schockiert über diese ideologische Marschrichtung und geht mit rechtlichen und wirtschaftlichen Disziplinierungsmaßnahmen gegen die beiden Störenfriede vor.

Man darf jedoch nicht vergessen, dass die demokratische Auflösung des kommunistischen Ostblocks ausgerechnet in Polen und Ungarn ihren Anfang genommen hatte. Timothy Garton Ash wies bereits 1990 darauf hin, dass die Auflösung der sozialistischen Herrschaft in Polen zehn Jahre, in Ungarn zehn Monate, in der DDR zehn Wochen und in der Tschechoslowakei zehn

35 Aleida Assmann, »Let's Go East!«, in: *Merkur* 4/2019, S. 15-26.

36 Katarzyna Kłosińska, Michał Rusinek, *Dobra zmiana. Czyli jak się rządzi światem za pomocą słów*, Kraków 2019, S. 59, 196, 330.

37 Marek Cichocki, *Nord und Süd. Texte zur polnischen Geschichtskultur*, Wiesbaden 2020, S. 9.

Tage gedauert habe.[38] Die Aktionen der unabhängigen Gewerkschaft Solidarność und die ungarischen Reformen nach der Ära Kádár bahnten allen osteuropäischen Gesellschaften den Weg in die Freiheit.[39] Die Tradition des Aufstandes ist auch im 19. Jahrhundert am prominentesten in Polen und Ungarn sichtbar: 1830 und 1863 erhoben sich die Polen gegen die russischen Besatzer, 1846 gegen die Preußen und die Österreicher. 1848 brach in Ungarn eine Revolution aus, die von den Habsburgern nur mit russischer Unterstützung niedergeschlagen werden konnte. Es wäre allerdings falsch, aus solchen Rebellionen mentalitätsgeschichtliche Schlüsse zu ziehen. Polen und Ungarn sind heute nur noch Kernländer von großen ehemaligen Vielvölkerreichen. Polens Blüte reicht zurück ins 17. Jahrhundert, als die polnisch-litauische Adelsrepublik sogar Wien vor der Einnahme durch die Osmanen bewahrte. Ungarn beruft sich auch heute noch auf die Länder der Stephanskrone, zu der unter anderem die Slowakei, Kroatien, Siebenbürgen, das Banat und die Vojvodina gehörten. Vor diesem Hintergrund kann die renitente Haltung der Regierungen in Warschau und Budapest als postimperialer Aufstand gegen einen neuen Souveränitätsverlust im Rahmen der EU gedeutet werden. Allerdings sind die Gesellschaften in Polen und Ungarn tief gespalten – um Mehrheiten zu beschaffen, hat die Orbán-Regierung sogar begonnen, Pässe an Auslandsungarn auszugeben.

38 Timothy Garton Ash, *Ein Jahrhundert wird abgewählt. Aus den Zentren Mitteleuropas 1980-1990*, München 1990, S. 401.

39 Stella Ghervas, *Conquering Peace from the Enlightenment to the European Union*, Cambridge, Mass. 2021, S. 300.

Ein Spezialfall ist einmal mehr Russland. Wenn es in der Ära Putin eine ideologische Konstante gibt, dann ist es zweifellos die Überzeugung, dass Russland eine eigene Zivilisation bilde und nicht nach westlichen Vorbildern reformiert werden dürfe. Ideologisch konnte diese Position mit der berühmten Theorie des »Clash of Civilizations« begründet werden. Der konservative Politikwissenschaftler Samuel Huntington hatte in den 1990er Jahren die These formuliert, dass die globalen Konflikte der Zukunft sich nicht mehr zwischen Nationalstaaten, sondern zwischen unterschiedlichen Zivilisationen abspielen werden. Huntington identifizierte neun verschiedene Zivilisationen, darunter die westliche und die orthodoxe. Die entscheidenden Merkmale der von Russland dominierten orthodoxen Kultur erblickte Huntington im Fehlen der Kulturtraditionen von klassischer Antike, Renaissance und Aufklärung sowie in der kontinuierlichen imperialen Ausdehnung auf dem eurasischen Kontinent. In Russland nahm man Huntingtons Theorie weniger als analytisches Begriffsangebot wahr, sondern nutzte es als ideologische Begründung des russischen Sonderwegs. In konservativen Kirchenkreisen wurde Huntingtons Theorie begeistert aufgenommen, nicht als Deutungsinstrument, sondern als Handlungsanweisung. Der Einfluss von Huntington lässt sich deutlich etwa in der Sozialdoktrin der russisch-orthodoxen Kirche aus dem Jahr 2000 nachweisen. Dort ist die Rede von »kulturellen Unterschieden« zwischen den christlichen Kirchen. Die russische Orthodoxie zeichne sich durch Patriotismus aus und müsse die nationale Kultur bewahren. Die Gläubigen sind aufgerufen, der Staatsgewalt Gehorsam zu leisten und für sie zu beten. Auch Präsident Putin stimmte Huntingtons Thesen auf dem Valdai Forum 2015 explizit zu und meinte: »Der russischen Weltanschauung liegt die Vorstellung von Gut und Böse, von höheren Mächten, vom Göttlichen zugrunde. Das westliche Denken ist von Interesse und Pragmatik geprägt.« In öffentlichen Auftritten verwendet er oft den Begriff der »einzigartigen russischen Zivilisation«.

Solche Aussagen verfügen über weitreichende politische Implikationen. Die Legitimation der Regierung beruht im eigenen Verständnis nicht in erster Linie auf dem Resultat von demokratischen Wahlen. Der Kreml versteht sich als Hüter bestimmter zivilisatorischer Werte, die nicht zur Disposition stehen. In der nationalen Sicherheitsstrategie von 2015 werden als solche Werte etwa der »Vorrang des Geistigen vor dem Materiellen«, die Familie und der »Dienst am Vaterland« genannt. Vor diesem Hintergrund wäre jede Veränderung der politischen Führung schädlich für die »zivilisatorische Identität« des Landes. Proteste gegen dieses ideologische Programm gibt es kaum. Selbst der bekannteste Oppositionelle des Landes stellt politisch keine Bedrohung dar. In einer Studie des unabhängigen Lewada-Instituts aus dem Jahr 2021 gaben nur gerade 5 Prozent der Befragten an, Alexej Nawalny zu vertrauen (Putin erreicht in derselben Umfrage 29 Prozent). Erstaunlich ist die fühlbare Nervosität. Der Staat ging mit Gift gegen den Protestführer vor, sperrte ihn weg und verurteilte ihn im Gefängnis zu einer neuen langjährigen Haftstrafe.

Der russische Angriff auf die Ukraine wurde von konservativen Ideologen vorbereitet. Der berühmteste und zugleich berüchtigtste ist Alexander Dugin, der als Vordenker der eurasischen Bewegung gilt. Dugin ist überzeugt, dass Russland »entweder groß oder gar nicht« sein werde. Russland müsse dem »eurasischen Entwicklungsvektor« folgen, um seine eigene zivilisatorische Bestimmung zu erfüllen. Im Gegensatz zur transatlantischen »Wasserkultur«, die zu Individualismus und Welthandel führe, gehöre Russland zu einer »Trockenkultur«, in der die nationale Gemeinschaft fest mit dem Boden verbunden sei. Das »Russentum« wird bei Dugin zum Maß aller Dinge, dem sich sogar die Ethik unterordnen muss: »Wir, die Russen, sind das Gottesträgervolk. Deshalb sind alle unsere Erscheinungsformen – hohe und tiefe, selige und schreckliche – geheiligt mit unirdischen Sinnpotenzen, den Strahlen des himmlischen Jerusalem, mit transzendenter Feuchte erfrischt. Im Überfluss der nationalen Gnade vermischen sich Gut und Böse, sie fließen ineinander über, und plötzlich erhellt sich das Dunkle, und das Weiße wird zu einer undurchsichtigen Hölle. Wir sind genauso unerkennbar wie das Absolute. Wir sind eine apophatische Nation. Sogar unsere Verbrechen stehen unvergleichlich höher als fremde Tugenden.«

Der Historiker Wadim Zymburski legte 1993 einen einflussreichen Aufsatz über die »Insel Russland« vor. Er ging davon aus, dass sowohl das Zarenreich als auch das Sowjetimperium Russland von der eigenen geopolitischen Identität entfremdet hätten. Deshalb sei der Zerfall der Sowjetunion eine Chance für Russland, das sich auf seine Grenzen zurückziehen und sich wie eine Insel abschotten müsse. Russland sei von einem Gürtel von geopolitisch undefinierten Staaten umgeben – Zymburski prägte dafür den Begriff »großer Limitroph«. Alle diese Staaten im Limitroph müssten sich entscheiden, entweder zu Russland oder zum Westen zu gehören. Manche Staaten – wie namentlich die Ukraine – würden bei dieser Wahl aber auseinanderbrechen. Zymburski ging davon aus, dass sich die Krim, das sogenannte »Neurussland« und alle Gebiete östlich des Dnjepr in einem Akt zivilisatorischer Selbstdefinition Russland anschließen würden.

2005 legten die beiden nationalistischen Publizisten Michail Leontjew und Michail Jurjew ihre Konzeption der »Festung Russland« vor. Die größte Gefahr bestand aus ihrer Sicht darin, dass Russland sich als Staat mit einer eigenen Zivilisation in einer globalisierten Wirtschaftsordnung auflösen könnte. Deshalb forderten sie, der russische Staat solle sich selbst vom Welthandel abschneiden und ein alternatives politisches System zum westlichen Liberalismus entwerfen. Die Garanten dieses Szenarios wären laut den Autoren der starke Präsident, die Atomwaffen und die natürlichen Ressourcen des Landes. Michail Jurjew veröffentlichte ein Jahr später den Roman *Das dritte Imperium. Russland, wie es sein soll*, der diese Konzeption illustrierte. Der Roman ist als Bericht eines brasilianischen Soziologen aufgebaut, der im Jahr 2053 nach Russland kommt, um das Erfolgsmodell dieses Landes zu untersuchen. Zu diesem Zeitpunkt gibt es auf der Welt nur noch fünf Staaten. Einer davon ist das neue russische Imperium, das sich von Lissabon bis Wladiwostok erstreckt. Die Demokratie ist abgeschafft. Nur orthodoxe Russen, die im Staats- oder Militärdienst stehen, können politisch partizipieren. Jurjew hielt im Nachwort selbstbewusst fest: »Alles, was in diesem Buch beschrieben wird, ist die beste Zukunft, die unserem Land passieren kann.« Jurjew kündigte ein »neofeudales Gesellschaftssystem« an, in dem »das Fehlen politischer Freiheiten« mit »voller Freiheit des Privatlebens und der wirtschaftlichen Tätigkeit« kompensiert werden müsse.[40]

2018 veröffentlichte Putins Chefideologe Wladislaw Surkow einen programmatischen Artikel mit dem Titel »Die Einsamkeit des Halbblutes«. Er schilderte darin die Makrogeschichte Russlands, das unter dem Mongolenjoch zunächst vier Jahrhunderte ein Teil Asiens gewesen sei und sich vier Jahrhunderte später während der zaristischen und sowjetischen Epoche Europa angeschlossen habe. Nach der Annexion der Krim sei es nun Zeit, sich auf sich selbst zu besinnen und einen langen Weg der Einsamkeit zu beschreiten.

Putins radikale Ablehnung des Westens und seine Sehnsucht nach einer Isolation Russlands können sich genau auf diese Denktradition stützen. Dabei handelt es sich keineswegs um Hirngespinste, sondern um handlungsleitende Ideologien, die sich am 24. Februar 2022 in blutige Kriegsrealität verwandelt haben.

40 Ulrich Schmid, *Technologien der Seele. Vom Verfertigen der Wahrheit in der russischen Gegenwartskultur*, Berlin 2015, S. 210-240.

LGBTQ als neue Kulturgrenze in Europa

Die gesellschaftliche Haltung zu nichttraditionellen Sexualpräferenzen markiert einen Kulturunterschied zwischen Ost- und Westeuropa, der ziemlich genau mit dem Verlauf des Eisernen Vorhangs übereinstimmt. In Berlin, London und Paris gibt es nach amerikanischem Vorbild Pride-Veranstaltungen, die von einem neuen Selbstbewusstsein der LGBTQ-Community einerseits und einer breiten gesellschaftlichen Akzeptanz ihrer Werte andererseits zeugen. Mehr noch: Die LGBTQ-Szene übt mit ihren Stilpräferenzen einen bestimmenden Einfluss auf die allgemeine Partykultur aus.

Seit dem Jahr 2001 haben die meisten westeuropäischen Staaten die »Ehe für alle« oder zumindest die Möglichkeit einer registrierten gleichgeschlechtlichen Partnerschaft eingeführt. Die Verrechtlichung zeugt von einem tiefgreifenden gesellschaftlichen Wandel, der sich innerhalb einer Generation vollzogen hat. Das strafrechtliche Verbot der Homosexualität wurde etwa in Spanien 1978, in Frankreich 1982 und in Deutschland erst 1994 vollständig abgeschafft.

Umfragen zeigen, dass in Westeuropa knapp 90 Prozent der Befragten glauben, dass Homosexualität in der Gesellschaft akzeptiert sein sollte. Die entsprechenden Umfragewerte erreichen in Polen, Ungarn und der Slowakei nur knapp 50 Prozent, in Tschechien immerhin 59 Prozent. In der Ukraine und in Russland stimmen nur gerade 14 Prozent dieser toleranten Haltung zu.[41]

41 Jakob Poushter, Nicholas Kent, *The Global Divide on Homose-*

Russische Nationalisten verwenden oft den Begriff »Gayropa«. Damit soll signalisiert werden, dass Europa seine traditionellen Werte aufgegeben habe und sich von sexuellen Minderheiten bestimmen lasse. In polemischer Absicht werden Befürworter einer freiheitlichen Gesellschaftsordnung »Liberasten« genannt. Die liberale Grundhaltung des Westens hat sich aus dieser Sicht selbst widerlegt: Wer sogar »Päderasten« (im Russischen bezeichnet diese Vokabel abwertend vor allem Homosexuelle) toleriert, gibt seine kulturelle Identität auf.

Die patriotische Besinnung auf das Sowjetimperium schließt die Tabuisierung der Homosexualität ein. Einer der wenigen, die in der Breschnjew-Zeit die Männerliebe literarisch gestaltet haben, ist Jewgeni Charitonow. In seinen fein ziselierten Erzählungen beschreibt er die gefährliche Jagd nach dem schönen Knaben. Der unbändige erotische Wunsch wird immer von der Angst, als Schwuler entdeckt zu werden, in Schach gehalten. Charitonows Bewusstsein, dass die Schwulen eine künstlerische Elite bilden, verfügt – ganz in der Tradition Otto Weiningers – auch über eine frauenfeindliche und eine antisemitische Dimension. Die Frauen lenken die Männer vom höchsten ästhetischen Genuss ab, die Juden sind nur Künstler des Mittelmaßes, die ihre Dutzendware geschickt vermarkten. In einem »Flugblatt« hat Charitonow eine homosexuelle Metaphysik entworfen, die sich stark auf Denkmuster des russischen Fin de Siècle stützt. Der erste Satz statuiert programma-

xuality Persists, https://www.pewresearch.org/global/2020/06/25/global-divide-on-homosexuality-persists/.

tisch: »Wir sind unfruchtbare, Verderben bringende Blüten.« Die Homosexuellen spielen als ätherische Geschöpfe unablässig das Lied der Liebe, kommen nicht in einer Familie oder einem festen Beruf zur Ruhe, sondern spüren stets mit »fiebrigen Augen« der schönen Jugend nach. Die »Normalen« erscheinen hier als unterdrückte Homosexuelle, die den Schritt in die schwierige Auserwähltheit nicht gewagt haben. Charitonow entwirft die kühne Vision einer homosexuellen Apokalypse, in der die Schwulen als »Engel des Verfalls« die göttliche Aufmerksamkeit erringen. Damit wird auch die kommunistische Heilserwartung ad absurdum geführt: »Die starre Moral unseres Russischen Sowjetischen Vaterlandes hat ihren Sinn! Sie tut, als gebe es uns nicht, und ihr Strafgesetzbuch sieht in unserer blütenhaften Existenz einen Verstoß gegen das Gesetz; denn je sichtbarer wir werden, desto näher das Ende der Welt.«[42] Zu einem richtigen Protest gegen die repressive sowjetische Sexualpolitik kam es jedoch zu Charitonows Lebzeiten nicht. Seine Schriften konnten nur im Samisdat zirkulieren und wurden erst nach der Entkriminalisierung der Homosexualität 1993 in einer Buchausgabe veröffentlicht.

Auch nach diesem Stichdatum wagten homosexuelle Autoren und Künstler immer noch nur selten den Schritt in die Öffentlichkeit. Erst während der Proteste des Dezembers 2011 trugen LGBTQ-Aktivisten eine Regenbogen-Flagge bei den Demonstrationen mit. Zwar wa-

42 Jewgeni Charitonow, *Unter Hausarrest. Ein Kopfkissenbuch,* Berlin 1996, S. 283.

ren die Homosexuellen Angriffen von Nationalisten ausgesetzt, gleichzeitig kam es aber auch zu Solidarisierungen von Heterosexuellen, die sich in Anspielung auf die Naziverfolgung Homosexueller rosa Dreiecke an die Brust hefteten.[43]

Initiiert hatte diese Aktion die amerikanisch-russische Journalistin Masha Gessen, die 6000 rosa Dreiecke unter den Demonstranten verteilte. Im unabhängigen Internet-Fernsehsender »Doshd« präsentierte sie eine Homestory, in der sie ihr eigenes »normales« Familienleben mit ihrer Ehepartnerin und ihren Kindern zeigte. Damit wollte sie ihren Mitbürgern vor Augen führen, was eine Kriminalisierung »nicht traditioneller sexueller Orientierungen« in der Wirklichkeit bedeutet. Allerdings blieb ihr Widerstand erfolglos: Nach einem kurzen Intermezzo als Direktorin des russischen Dienstes von Radio Free Europe/Radio Liberty in Prag lebt sie heute mit ihrer Familie in New York.

Seit 2013 gilt in Russland ein Gesetz, das die Propagierung von Homosexualität unter Minderjährigen unter Strafe stellt. Damit wurde das Thema weitgehend aus der öffentlichen Diskussion verbannt, weil bei Kulturveranstaltungen kaum garantiert werden kann, dass das Publikum ausschließlich aus Erwachsenen besteht. 2019 kam ans Licht, dass ein Petersburger Verlag im Jahr 2014 die gesamte Auflage eines erotischen Sammelbandes verbrannt hatte, weil in einer Erzählung ein homo-

43 Mischa Gabowitsch, *Putin kaputt!? Russlands neue Protestkultur*, Berlin 2013, S. 222.

sexueller Akt zwischen zwei Androiden beschrieben wurde. Angesichts des kurz zuvor verabschiedeten Gesetzes hätte der Verlag jedes einzelne Exemplar mit einem Aufkleber »18+« versehen und in Zellophan einschweißen müssen. 2020 erregte Mikita Franko mit seinem autobiographischen Roman *Die Lüge* viel Aufsehen. Er beschreibt darin seine Kindheit und Jugend als Pflegesohn zweier schwuler Väter, einer davon ist sein Onkel. Viele Episoden thematisieren die Homosexualität gar nicht, sondern gehören zur »coming of age«-Literatur. Brisant sind allerdings jene Szenen, in denen die beiden »Papas« ihre wahre Beziehung verheimlichen müssen, damit sie keinen Ärger mit dem Sozialamt bekommen. Der Junge wächst in einer Atmosphäre der konstanten Lüge auf, die er nicht zerstören darf, wenn er seine eigene Lebenssituation nicht gefährden will. Selbstverständlich gelangte dieses Buch nur in einer verschlossenen Plastikhülle in den russischen Buchhandlungen zum Verkauf.

Die konservative Werthaltung der politischen Institutionen fand 2021 einen prominenten Fürsprecher in Konstantin Bogomolov. Der Theaterregisseur ist mit der TV-Moderatorin Ksenija Sobtschak verheiratet, die im russischen politischen System als Vertreterin einer regierungsnahen Opposition auftritt. In seinem Essay »Der Raub Europas 2.0« beklagte er, dass die westliche Politkultur den widersprüchlichen Menschen, wie er von Dostojewski beschrieben worden sei, kastriert habe. Der Westen habe ein »neues ethisches Reich« errichtet. Wenn man dem absoluten Imperativ der politischen Korrektheit folge, dann finde man sich bald in einer

Hölle von Hieronymus Bosch mit multikulturellen genderneutralen Teufeln wieder.[44]

Seit den massiven Protesten gegen die Fälschung der Präsidentschaftswahlen 2020 kommt dem LGBTQ-Thema auch in Belarus eine brisante Bedeutung zu. Lukaschenka propagiert eine traditionelle Sexualmoral und kokettiert mit seiner Rolle als »Ehemann der belarussischen Nation«. Die Demonstrantinnen nahmen diese Selbstinszenierung auf, indem sie Transparente mit der Aufschrift »Sascha, ich lasse mich von dir scheiden« trugen. Das Spektrum der Haltungen auf der Seite der Opposition war zu Beginn der Proteste enorm breit: Zunächst präsentierten sich die drei Frauen an der Spitze der Protestbewegung als »Stellvertreterinnen«. Erst später traten sie als eigenständige Politikerinnen auf. Swetlana Tichanowskaja hatte auf einer frühen Wahlveranstaltung sogar gesagt, sie wolle sich nur um ihren Mann und ihre Kinder kümmern und wie früher Frikadellen braten. Maria Kolesnikowa, die wegen ihres politischen Engagements zu einer elfjährigen Haftstrafe verurteilt wurde, steht offen zu ihrer gleichgeschlechtlichen Orientierung. Durch ihr mutiges Auftreten signalisiert sie ihren Anhängerinnen, dass LGBTQ-Toleranz eine der wichtigsten Voraussetzungen für eine funktionierende Demokratie darstellt.[45]

In Ungarn kopierte die Regierung Orbán 2021 das

44 Konstantin Bogomolov, Pochiščenie Evropy 2.0, in: *Novaja gazeta* (10.02.2021), https://novayagazeta.ru/articles/2021/02/10/89120-pohischenie-evropy-2-0.

45 Olga Shparaga, *Die Revolution hat ein weibliches Gesicht. Der Fall Belarus*, Berlin 2021, S. 33, 41, 71.

russische Gesetz, das die Propagierung von Homosexualität unter Jugendlichen verbietet. Sowohl in Ungarn als auch in Russland ist die Ehe seit kurzem als »Verbindung von Mann und Frau« in der Verfassung definiert. In Ungarn dürfen Bücher mit homosexuellen Inhalten nicht in einem Umkreis von 200 Metern von Kindergärten und Schulen »zur Schau gestellt« oder verkauft werden. »Gender Studies« gelten als »westlicher Wahnsinn« und dürfen nicht mehr an ungarischen Universitäten unterrichtet werden.

In Polen wird das LGBTQ-Thema als politische Waffe eingesetzt. Die konservative Regierungspartei beschwört immer wieder einen angeblichen gesellschaftlichen Konsens in Sexualfragen. Präsident Andrzej Duda bezeichnete LGBTQ in seinem Wahlkampf im Jahr 2020 als »neobolschewistische Ideologie«, die ebenso wie der Kommunismus bekämpft werden müsse. Im konservativ geprägten Südosten Polens wurden 2019 sogenannte LGBT-freie Zonen eingeführt. Über 100 Gemeinden erklärten damit ihren Protest gegen die »importierte LGBT-Ideologie« und bekannten sich zu einer katholisch geprägten Gesellschaftsmoral. Ausgelöst wurde diese Bewegung durch den progressiven Warschauer Bürgermeister Rafał Trzaskowski, der offen die Rechte der LGBTQ-Community unterstützte und entsprechende Themen auch in der Sexualkunde in der Schule einführen wollte. Man darf allerdings nicht vergessen, dass die Homosexualität in der modernen polnischen Literatur prominente Spuren hinterlassen hat. Witold Gombrowicz schrieb in seinen Romanen nicht nur gegen verstaubte Stilklischees und das romantische Nationalpathos an; er ließ darin auch schwule Protagonisten auftreten und forderte die katholische Sexualmoral heraus. In verhüllter Form findet sich das homosexuelle Begehren in den Texten von Jerzy Andrzejewski und Jarosław Iwaszkiewicz. Kunst und Leben erwiesen sich allerdings in allen drei Fällen als deutlich getrennte Bereiche: Während Gombrowicz, Andrzejewski und Iwaszkiewicz nicht zögerten, ihre geheimen sexuellen Wünsche als literarische Phantasien zu gestalten, schützten sie sich mit einer bürgerlichen Heirat vor den Wogen der Empörung in der konservativ-katholischen Gesellschaft.

Keine Rede mehr ist von solchen Camouflagen bei den homosexuellen Autoren der jüngeren Generation. Zu ihnen gehört Michał Witkowski, der mit rückhaltloser Offenheit die polnische Schwulenszene beschreibt. Seine Helden sind alternde Tunten, die sich in den verdreckten Toiletten der öffentlichen Parks herumtreiben, aidskranke Alkoholiker, denen alles egal ist, schüchterne Jungen, die dem ersten Mal mit einer Mischung aus Gier und Angst entgegenfiebern, russische Rotarmisten, die ihre Sexualnot mit polnischen Schwulen lindern, und Trickdiebe, die einen schnellen Flirt als Ablenkungsmanöver für einen Diebstahl einsetzen. Witkowski zögert nicht, seine Protagonisten als »Süchtige« zu bezeichnen. Ihre Wohnungen sind ebenso karg eingerichtet wie Wartezimmer in einem Krankenhaus – sie dienen in der Tat nur der Überbrückung der leeren Zeit zwischen den nächtlichen Beutezügen. Das Badezimmer hingegen wird zum Arsenal: Es ist mit seinen Batterien von Cremes, Lotionen und Deodorants eine Waffenkammer im erbitterten Kampf gegen den Zerfall des schönen männlichen Körpers. Witkowski ist natürlich ein Außenseiter in der katholischen polnischen Leitkultur. Trotzdem führt er eine Traditionslinie der polnischen Literatur weiter, die immer schon provokative Schreibweisen gegen den Mainstream des Kanons entwickelt hat.

Unterschiedliche Werthaltungen in Ost- und Westeuropa

Das sozialistische Gesellschaftssystem in Osteuropa hat Auswirkungen, die weit über das Wendejahr 1991 hinausstrahlen. Auch die erste postsozialistische Generation wurde von den Lebenswelten und Werthaltungen der Eltern geprägt. In einer Auswertung der breit angelegten World Value Survey aus dem Jahr 2005 bildeten die europäischen Gesellschaften des ehemaligen Ostblocks eine deutlich erkennbare Einheit. Ronald Inglehart und Christian Welzel[46] unterscheiden zwei Dimensionen: Die eine Achse verläuft von traditionellen zu säkularrationalen Werten, die zweite Achse von »Überlebenswerten« zu »Selbstentfaltungswerten«. Osteuropa teilt in dieser Untersuchung mit Westeuropa die starke Orientierung auf säkularrationale Werte, ist aber im Unterschied zu Westeuropa klar auf der Seite der »Überlebenswerte« – am weitesten entfernt von West-

46 Ronald Inglehart, Christian Welzel, *Modernization, Cultural Change and Democracy: The Human Development Sequence*, Cambridge 2005, S. 63.

europa ist in dieser Hinsicht Russland, am nächsten Tschechien. Verschiedene Versionen der Weltkarte der Werte aus den Jahren 2000, 2010 und 2020 zeigen zwar Bewegungen, aber der grundsätzliche Unterschied zwischen postsozialistischen und westlichen Gesellschaften bleibt bestehen.

Die historische Last der sozialistischen Systeme zeigt sich auch im unterschiedlichen Vertrauen in gesellschaftliche Organisationen. So war die Kirche in Osteuropa zu Beginn der 2000er Jahre angesehener als in Westeuropa (59 Prozent vs. 45 Prozent). Umgekehrt verfügen staatliche Institutionen wie die Polizei (35 Prozent vs. 66 Prozent) oder das Parlament (22 Prozent vs. 37 Prozent) in Osteuropa über wenig Rückhalt in der Bevölkerung.[47] In Osteuropa sind konservative Werthaltungen, die einen ausgebauten Wohlfahrtsstaat unterstützen, deutlicher ausgeprägt als in Westeuropa. Am deutlichsten zeigt sich diese Differenz bei der Kohorte der über 64-Jährigen.[48]

Mittlerweile ist die Durchmischung zwischen ost- und westeuropäischen Gesellschaften so hoch, dass sich gerade bei der mobilen jungen Generation eine Annäherung bei den Werthaltungen beobachten lässt. Besonders deutlich zeigt sich das in der Eurobarometer-

47 Bernard Roudet, Jean-François Tchernia, »Europe centrale et orientale, Europe occidentale: des valeurs démocratiques partagées?«, in: Olivier Galland, Bernard Roudet (Hg.), *Les jeunes Européens et leurs valeurs. Europe occidentale, Europe centrale et orientale.* Paris 2005, S. 117-145.

48 Joakim Kulin, Bart Meuleman, Human values and welfare state support in Europe: An east–west divide?, in: *European Sociological Review* 4 (2015), S. 428.

Umfrage von 2021. Das wichtigste verbindende Thema für junge Erwachsene in allen EU-Mitgliedstaaten ist das Engagement für Menschenrechte. Ein Ost-West-Gegensatz zeigt sich ansatzweise bei der Wünschbarkeit eines vergleichbaren Lebensstandards in der EU – angeführt wird die mehrheitlich osteuropäisch dominierte Liste der ökonomisch benachteiligten Länder allerdings von Portugal.

Trotz aller kulturellen Gegensätze verfügen die postsowjetischen Staaten über enge Verbindungen zu Europa. So wurden im Jahr 2020 rund 650000 Schengenvisa ür russische Bürgerinnen und Bürger ausgestellt. Den höchsten relativen Anteil an Schengenvisa findet man jedoch in Belarus: Hier waren im Jahr 2020 1,3 Prozent der Bevölkerung im Besitz eines Schengenvisums. Ob sie aber auch in Zukunft in »den Westen« reisen können und dürfen, wenn aufgrund der künstlich inszenierten Migration aus dem Mittleren Osten neue Stachelzäune und Grenzmauern hochgezogen werden, ist eine offene Frage.

Viele osteuropäische Gesellschaften sind nach dem Zusammenbruch des Kommunismus dort angekommen, wo sie schon im Zeitalter der nationalen Einigungen hinwollten: Sie haben ihren eigenen Staat und können ihre Lebensbedingungen weitgehend frei definieren. Eine Gefahr für die osteuropäischen Nationalstaaten besteht allerdings darin, dass sie heute einem westlichen Gesellschaftsmodell aus dem 19. Jahrhundert nacheifern und sich nach dem Vorbild von Frankreich, Italien oder Deutschland zu relativ homogenen Kulturen entwickeln wollen. Wichtiger wäre heute, dass sich die osteuropäischen Gesellschaften auf ihre Zugehörigkeit zu den Vielvölkerstaaten der Vergangenheit besinnen und die Inkongruenz von nationalen, religiösen und kulturellen Zuordnungen als Freiheitschance betrachten. Damit könnten sie als Vorreiter eines alle einschließenden Gesellschaftsmodells auch die gesamteuropäische Zukunft prägen.

Politische Ordnungen – wieder im Dunkeln?

Westliche Zuschreibungen und Projektionen haben das Bild vom Osten geprägt: In der Epoche vor 1989 schien Osteuropa nur Anhängsel und Marionette Moskaus, dann, nach dem Zusammenbruch des Kommunismus, kehrte es wie ein verlorener Sohn nach Europa zurück. Im letzten Jahrzehnt warf es sich, undankbarer Sprössling, in die illiberalen Arme Moskaus und Chinas, so wollte es das Klischee. Nach einer Phase des Leuchtens war der Osten im Auge des westlichen Betrachters erneut in ein Reich der Finsternis gesunken: ex oriente obscuritas. Selbst das Gegenbild – ex occidente lux bzw. ex occidente luxus – verlor an Strahlkraft. Erst Russlands Vernichtungskrieg gegen die Ukraine schied Europa wieder in das aggressiv-autokratische Imperium auf der einen und die demokratische Staatenwelt auf der anderen Seite.

Die Bilder von Osteuropa spiegeln westliche Erwartungen an Angleichung im Osten und umgekehrt Erwartungen im Osten, der Westen möge seine Verheißungen einlösen. Die Erwartungen kommunizieren miteinander. Osteuropa ist ein definierendes Anderes der alten EU-Mitglieder, zugleich liefert die Attraktivität der EU in Osteuropa frische Legitimation. Das Objekt, dem die EU ihre Werte und Standards aufschreibt, tritt allerdings als sprödes Subjekt auf, als Autor eigener Geschichte und Gegenwart, nicht nur der Imitation. Da Selbst- und Fremdbilder nicht zur Deckung kommen, bauen sich Spannungen auf.

Indem der Westen eine Version seiner selbst exportiert, verändert er sich auch selbst. Erst das Ende des »real existierenden Sozialismus« ermöglichte eine globale Transformation, denn solange der Sozialismus existierte, sah sich der Westen zum Systemwettbewerb um Gesundheit, Bildung, sichere Renten und Arbeitsplätze genötigt. Während sich der neoliberale Rückbau des Staates schon in den 1980er Jahren mit den »Reagonomics« und dem »Thatcherismus« Bahn brach, aber politisch hoch umkämpft blieb, bot der brachliegende Osten die Chance, die lang vorbereitete Kombination aus Privatisierung, Liberalisierung, Austeritätspolitik, Deregulierung und Monetarismus umzusetzen und als Erfolgsmodell aus dem Osten zu reimportieren, insbesondere nach Portugal, Italien, Griechenland und Spanien, später auch in die Bundesrepublik Deutschland.[1] Bei der Flexibilisierung der Arbeitsmärkte und dem Rückbau von Sozialleistungen sollten und konnten die Wohlfahrtsstaaten Westeuropas gleichsam vom Osten lernen. Die Hegemonie des neoliberalen Denkens setzte sich nur infolge des osteuropäischen Großexperiments durch. Der Westen veränderte den Osten und wirkte darüber auf sich selbst zurück. Auf das Pfingstfest des Liberalismus folgt seit einigen Jahren Enttäuschung über illiberale oder autoritäre Entwicklungen in einer Reihe osteuropäischer Länder.

1 Philipp Ther, *Die neue Ordnung auf dem alten Kontinent. Eine Geschichte des neoliberalen Europa*, Bonn 2018.

Das westliche Verständnis des Ostens (und damit implizit das Selbstverständnis des Westens) stand stets im Scheinwerferlicht von Projektionen. Viermal haben Theorien fundamentale Entwicklungen der historischen Wirklichkeit verkannt: das Ende des Kalten Krieges überraschte die Politikwissenschaft, niemand sah die illiberale Regression in einigen osteuropäischen Staaten vorher, und dann bewies China, wo man Lehren aus dem Scheitern der Gorbatschow'schen Perestroika gezogen hatte und dass technologische Innovation und Wachstum auch unter einem autoritären Regime möglich sind. Schließlich verlor der Neoliberalismus, ausgelöst durch die Finanzkrise 2008 und die nachfolgenden sozialen Verwerfungen im Süden, im Osten und vielen Ländern des Westens, nach drei Jahrzehnten seine hegemoniale Stellung.

Früh gab es mahnende Stimmen. Samuel Huntington warnte 1991 vor autoritärem Nationalismus, religiösem Fundamentalismus, Oligarchen-Autoritarismus, populistischen Diktaturen und Gemeinschaftsdiktaturen (»communal dictatorship«).[2] Adam Przeworski mutmaßte 1991, dass radikale Wirtschaftsreformen zu sozialen Verwerfungen führen und junge Demokratien untergraben könnten.[3] Jerzy Wiatr beschwor 1995 die

2 Samuel Huntington, »Democracy's Third Wave«, in: *Journal of Democracy* 2 (1991), S. 12-34.

3 Adam Przeworski, *Democracy and the Market: Political and Economic Reforms in Eastern Europe and Latin America*, Cambridge 1991.

Gefahr von sozioökonomischen Konflikten, Nationalismus und religiösem Fundamentalismus. Ökonomische Ungleichheit führe zu populistischen Bewegungen gegen »die Eliten«.[4] Doch viele ehemals sozialistische Staaten schienen den Vertretern des demokratischen Optimismus und des Marktradikalismus zunächst Recht zu geben. Den Reformanstrengungen der 1990er Jahre folgten die Osterweiterungen der EU 2004 und 2007. Die Bürger schienen mit ihren liberalen Demokratien zufrieden, die demokratischen Institutionen erreichten hohe Zustimmungswerte.[5]

Mehr als dreißig Jahre nach dem Ende des »real existierenden Sozialismus« ist die Bilanz buntscheckiger als prophezeit. Weder demokratische noch autokratische Regime können als dauerhaft konsolidiert gelten, und doch ist von Interesse, warum einige Staaten freier als andere sind, warum sich einige nach hoffnungsvollen Anfängen zurückentwickelten und warum einige sich nur wirtschaftlich, nicht aber politisch liberalisierten. Man kann in Osteuropa grob drei Kategorien unterscheiden. Da sind zunächst die demokratischen Staaten und fehlerhaften Demokratien, die an begrenzte Erfahrungen mit Demokratie vor dem Sozialismus anknüp-

4 Wiatr Jerzy J., »Democracy versus a New Authoritarianism in Eastern Europe«, in: Richard Kilminster and Ian Varcoe (Hg.), *Culture, Modernity and Revolution: Essays in Honour of Zygmunt Bauman*, London, New York, S. 201-221; vgl. auch Jerzy J. Wiatr, »New and Old Authoritarianism in a Comparative Perspective«, in: ders. (Hg.), *New Authoritarianism: Challenges to Democracy in the 21st Century*, Berlin, Toronto 2019, S. 169-181.

5 Yasha Mounk, *The People vs. Democracy: Why our Freedom is in Danger and how to save it*, Cambridge 2018, S. 5, 13.

fen konnten, in denen der Systemwechsel wenigstens partiell auf zivilgesellschaftliche Anstöße »von unten« zurückging und die heute EU-Mitglieder sind. Zu dieser *ersten Kategorie* können die baltischen Staaten, Tschechien und die Slowakei gezählt werden. Eine *zweite Kategorie* verkörpern teilweise freie bis unfreie Staaten, bisweilen auch als »hybrid« charakterisierte Regime – oft orthodox oder stramm katholisch geprägt, mit einer autoritären Zwischenkriegszeit, paktierter Transition, ausgeprägter Einkommensungleichheit, weit verbreiteter Vetternwirtschaft und Frustration über die Verwerfungen der Transformation. Polen, Ungarn, Bulgarien, Rumänien und die Ukraine ließen sich hier zuordnen. Zur *dritten Kategorie* gehören die Autokratien im postsowjetischen Raum: Russland, Belarus, Aserbaidschan und Zentralasien sind Staaten ohne Elitenwechsel, mit einer Fusion aus Wirtschaftsmagnaten und Sicherheitsleuten an der Macht.

Die Zuordnung Russlands (von einer defekten Demokratie zur Autokratie), Polens und Ungarns (von vollen Demokratien zu semikonsolidierten Demokratien oder hybriden Regimen) hat sich bei der Indexierung durch Freedom House, Polity oder durch den Bertelsmann Transformation Index wiederholt abrupt geändert. Im Nachhinein ist man immer schlauer, könnte man lapidar meinen, zudem sind weder Demokratien noch Autokratien statisch und auf Ewigkeit angelegt. Unter dem Eindruck welcher Ereignisse die »Experten« ihre Einschätzung anpassen, wann Quantität in Qualität umschlägt, ist freilich nicht immer nachvollziehbar. Die ferndiagnostischen Kategorisierungen sind widersprüchlich, fragwürdig und in einigen Fällen auch politisch eingefärbt. Wie im Falle der Ukraine viele Einzelbeobachtungen beispielsweise zu einer Punktzahl von »61 von 100« (gleich »teilweise frei«) für das Jahr 2022 führen, ist mitnichten transparent nachvollziehbar. Aber insgesamt gibt die Punktevergabe für die Erfüllung von Reform-Hausaufgaben die westliche Seismographie Osteuropas trefflich wieder. Es gibt demnach Staaten, die den langen Weg nach Westen erfolgreich gegangen sind, solche, die innehielten oder umkehrten, und solche, die sich nie wirklich auf den Weg gemacht hatten.

1989: Jahr der Amnesie

Während des Kalten Krieges wäre die Frage, ob Osteuropa anders ist, instinktiv und umgehend mit Ja beantwortet worden, und zwar sowohl im Westen als auch im Osten Europas. Osteuropa ist anders, hätte die Antwort gelautet, weil es unter sowjetischer Militärherrschaft steht, weil Menschen in einem auf Ideologie und Zwang beruhenden Gesellschaftssystem leben, weil sie auf der anderen Seite des Eisernen Vorhangs in ihrer Selbstbestimmung eingeschränkt sind und weil sie, Ende der 1980er Jahre, ihr Ancien Régime abstreifen, kapitalistisch und demokratisch werden und nach Europa »zurückkehren« wollten. Bis 1989/90 galt Osteuropa als Teil des sowjetischen Cordon sanitaire.

Der Osten bot nach 1989/90 den Vorteil, dass die NATO und die Europäische Wirtschaftsgemeinschaft sich der Gültigkeit ihrer historischen Mission auch unabhängig vom Kalten Krieg, nämlich der Gewährleistung europäischer Sicherheit durch die USA und der Ausweitung des gemeinsamen Marktes, versichern konnten. Mit Verweis auf den Osten ließen sich Widersprüche im eigenen Lager für geraume Zeit ausblenden bzw. in den Osten auslagern. Sinnbildlich für die Funktionalität des Ostens war die umweltschädigende Entsorgung von Müll aus Westeuropa in osteuropäischen Ländern. Umgekehrt hatte sich der sozialistische Osten stets als Erlösung vom Imperialismus, dem vermeintlich letzten Stadium des Kapitalismus, präsentiert. Die Abziehbilder vom niedergehenden Kapitalismus und vom verrotteten Sozialismus bestätigten sich wechselseitig. Die Renaissance illiberaler Werte, von Einkreisungsfantasien, Verschwörungstheorien und populistischer Stereotypen reaktiviert ältere Bilder vom Niedergang des Abendlandes. Im Unterschied zur Zeit des Kalten Krieges hat der ideelle Westen jedoch seine Selbstgewissheit eingebüßt.

Während des Ost-West-Konflikts kamen die wechselseitigen Projektionen ohne viel Empirie aus. Der Osten verkörperte all das, was der Westen nicht war. Immerhin verliehen Reportagen ab den 1980er Jahren dem Osten zeitweilig ein folkloristisches, romantisch-nostalgisches Flair.[6] Diese im Westen stark nachgefrag-

6 Günter Gaus, *Texte zur deutschen Frage*, Darmstadt, Neuwied 1981; Peter Bizer, Fritz Pleitgen, *Sowjetunion*, Hamburg 1982; Gerd Ruge, *Zwischen Washington und Moskau – Europa in der Konfrontation der Supermächte*, Frankfurt am Main 1984; Timothy Garton Ash, *Ein Jahrhundert wird abgewählt. Aus den Zentren Mitteleuropas 1980-1990*, München 1990; Gabriele Krone-Schmalz, *In Wahrheit sind wir stärker. Frauenalltag in der Sowjetunion*, Frankfurt am Main 1990.

ten Bücher nährten die Hoffnung, dass Gorbatschows Perestroika zu einem demokratischen Sozialismus, zu einer Wende, wenn nicht Konvergenz der Systeme führen könnte. Der Wunsch nach dem »guten« Osten – entgegen dem Kalten-Kriegs-Image – nährte sich aus Überdruss an der jahrzehntelangen Konfrontation, Friedenssehnsucht, historischen Schuldgefühlen, Russlandromantik und dem Anerkennungsbedürfnis linker Friedens- und Entspannungsfreunde. Während einerseits originäre Neugier das Interesse an Osteuropa beförderte, störten doch andererseits Bürgerbewegungen wie die polnische Solidarność oder das ungarische Helsinki-Komitee den entspannungspolitischen Elitenpakt, der – wie im Fall von Bundeskanzler Helmut Schmidt – auf Stabilisierung des kommunistischen Systems in Polen statt Systemwandel aus war.[7] Einerseits repräsentierte der Osten das definierende Andere, andererseits vermittelte er Stabilität. Kontrollverlust infolge von Protesten, Demonstrationen, nationaler Mobilisierung oder Elitenspaltung droht stets die Erwartungsverlässlichkeit zu erschüttern. Gorbatschows Perestroika mochte so ihren Charme entfalten, sie widersprach jedoch dem übergeordneten Stabilitätsdenken. Der Umgang mit Putins autokratischem Regime seit mehr als zwei Jahrzehnten entspricht einem tradierten Paradigma. So wünschenswert ein demokratischer Regimewandel in Russland sein mag, er bleibt den Imperativen staatlicher Ordnung untergeordnet. Der Historiker Klaus Ziemer

7 Jerzy Maćków, »Die Entspannungspolitik der Bundesrepublik Deutschland gegenüber der Entwicklung in Polen in den siebziger und achtziger Jahren«, in: *Zeitschrift für Politik* 4 (1993), S. 372-392.

charakterisierte die Ostpolitik als Arrangement zwischen den Regierungen in Ost und West: »Die Gesellschaften waren dabei nicht vorgesehen.«[8] Der Elitenpakt mit Putins Regime bis zum Ukrainekrieg steht in dieser Tradition. Ob die am 27. 2. 2022 von Bundeskanzler Scholz deklarierte »Zeitenwende« einen definitiven Bruch mit den bisherigen Verhaltensmustern nach sich zieht, wird vermutlich nur von einem Faktor entscheidend beeinflusst, nämlich Russlands Niederlage im Krieg. Gewinnt Russland, ist die Rückkehr zum alten Modus operandi geradezu vorprogrammiert.

Ab 1989 verschwanden die Mehrdeutigkeiten: Das Ende des Sozialismus war eindeutig. Im Moment, als der Sozialismus verwelkt war, wollten ihn alle nur noch ausrotten. In Abgrenzung zur ehemaligen Sowjetunion sahen sich Mittelosteuropäer nach 1989/90 auf der »Rückkehr nach Europa«. Nach Europa kehrten nur Opfer zurück, die Täter und Opportunisten blieben im Niemandsland. Das Narrativ vom »Wunder der friedlichen Revolution« von 1989 schuf Legenden von einer Bürgergesellschaft und eindeutige Bilder von Opfern und Tätern. Der »Ossi« als Figur mutierte im volkspädagogischen Narrativ vom Mitläufer des »real existierenden Sozialismus« zum Helden, der »Wessi« wiederum vom Entspannungspolitiker zum Kalten Krieger im letzten Gefecht.[9]

8 Deutschland glaubte nicht an Solidarność, in: *Deutsche Welle* 31.08.2010, https://www.dw.com/de/deutschland-glaubte-nicht-an-solidarnosc/a-5961514.

9 Ausführlich dazu Timothy Garton Ash, *In Europe's Name: Germany and the Divided Continent*, New York 1994.

Das annus mirabilis war mithin ein Jahr der Amnesie, im Osten wie im Westen, ein Akt der Aussonderung und der Absonderung.[10] Die doppelte Amnesie des Jahres 1989 hat der späteren vergangenheitspolitischen Hinwendung zu Nationalgeschichten, der Verklärung vorsozialistischer Epochen, der Konkurrenz um Opfernarrative und der Renaissance illiberaler Einstellungen Vorschub geleistet. Die wieder dominante Totalitarismustheorie verwandelte die Beteiligten von Subjekten allein zu Objekten des kommunistischen Regimes und exkulpierte sie damit auch.[11] Die Renaissance der Totalitarismustheorie blendete die Erbschaften des Homo sovieticus aus, d.h. den Opportunismus, die Erwartungen an staatlichen Paternalismus und den Egalitarismus. Umgekehrt gilt, dass westliche Beschwichtigungspolitiker einen Mythos der Entspannungspolitik pflegten, auch Realismus genannt, bis hin zu den späteren, zwei Jahrzehnte lang gehegten Illusionen über eine Partnerschaft mit Putins Autokratie. Die Gegenbewegung zur Geringschätzung des Transformationsstresses, der kollektiven biographischen Erfahrungen im Sozialismus

10 Marko Martin, *Die verdrängte Zeit. Vom Verschwinden und Entdecken der Kultur im Osten*, Bonn 2021.

11 Katarzyna Stokłosa, »Geschichtspolitik und Erinnerungskultur im osteuropäischen Raum«, in: *Jahrbuch für Politik und Geschichte* 2 (2011), S. 167-185; Timothy S. Snyder, Ivo Banac, Michal Kopeček, Egidijus Aleksandravičius, Andriy Portnov, Krisztián Ungváry, Włodzimierz Borodziej, »Politics of History in Eastern Europe«, in: *Journal of Modern European History* 8/2 (2010), S. 141-164; Alexei Miller, »Introduction. Historical Politics: Eastern European Convolutions in the 21st Century«, in: Alexei Miller, Maria Lipman (Hg.), *Convolutions of Historical Politics*, Budapest 2012, S. 1-20.

und von vordemokratischen Erbschaften äußerte sich in Osteuropa anfänglich in marginalen rechtsradikalen Gruppen und kommunistischen Nachfolgeparteien, fand jedoch zunehmend Anklang in der politischen Mitte. Eine Quelle der populistischen Betonung von Souveränität, Respekt und Ermächtigung »des Volkes« in der Gegenwart gründet in den frühen Ohnmachtserfahrungen und dem Hochmut der marktradikalen Reformer.

Paradigmen der Politikwissenschaft

1989/90 schienen nur ein Sieger und ein Modell übrig geblieben zu sein. Gorbatschows Perestroika hatte eine unkontrollierte Regimeliberalisierung ausgelöst, die den Sozialismus von innen heraus erneuern sollte. Aus der geplanten Erneuerung wurde eine Implosion. Der liberale Kapitalismus und die liberale Demokratie galten in Ost und West danach als einzig zukunftsträchtiges Rollenmodell. Wachstum, wissenschaftlich-technologische Innovation und Wettbewerb seien an offene Gesellschaften gebunden.[12] Aus politikwissenschaftlicher Sicht avancierte Osteuropa zum Objekt einer Zivilisierung (Demokratieexport) und einer nachholenden Modernisierung. Der Osten blieb von der Gravitationskraft des Westens abhängig, und der Osten hoffte, der Westen

12 Douglass C. North, John Joseph Wallis, Barry R. Weingast, *Violence and Social Orders. A Conceptual Framework for Interpreting Recorded Human History*, Cambridge 2009; Daron Acemoglu, James A. Robinson, *Warum Nationen scheitern. Die Ursprünge von Macht, Wohlstand und Armut*, Frankfurt am Main 2014.

würde seine Verheißungen tatsächlich einlösen. Drei Perspektiven kreuzten sich in diesen Diskursen: »Der Osten im Auge des Westens« (der kolonisierende, zivilisierende, messianische Blick des Westlers), »der Westen im Auge des Ostens« (der subalterne, aspirierende, erwartungsvolle Blick auf den Westen) und »der asiatische Osten im Auge des verwestlichten Ossis« (der exkommunizierende Blick, die Konstruktion eines Anti-Europas in Gestalt von Russland und Zentralasien).

Die Politikwissenschaft folgte in ihren Hauptströmungen einem politischen Credo. Der Osten trat als Objekt einer Transformation auf. Ein Ideal sollte verwirklicht werden – Europa als Wertegemeinschaft aus liberalen und kapitalistischen Demokratien. Die »Imperative« des Systemwechsels zählten mehr als die Einstellungen und Nöte der Betroffenen. Die Blindstellen und ideologischen Züge der normativen Transformationstheorien gehören indes zur Vorgeschichte der autoritären Regression in der Gegenwart. In einer dialektischen Gegenbewegung haben sie die Voraussetzungen der eigenen Negation generiert.

Der »akteurszentrierte« Ansatz der Transformation setzte auf den Elitenwechsel, auf die Zivilgesellschaft und auf die zügige Strukturierung von Parteiensystemen. Zwei Faktoren galten als Triebkraft der Akkulturation des Ostens an den Westen: die Radikalität des Austauschs von alten gegen neue »Reformeliten« und die rasche Integration in die EU und die NATO. Aber woher sollten alternative Eliten kommen? Durften Wendehälse als Reformeliten gelten? Oder rote Direktoren – als Vorreiter der Privatisierung? Oder kommunistische

Parteifunktionäre, die ihre politischen Netzwerke in wirtschaftliches Kapital transformierten? Eine Konterrevolution war gerade deshalb 1989 ausgeblieben, weil die jüngeren Vertreter der alten Klasse sich ins neue System hinüberretten konnten. Statt Gerontokratie bot der Systemwechsel ungeahnte Gelegenheiten für Aufwärtsmobilität. Und warum sollten gerade die wenigen intellektuellen Dissidenten zu erfolgreichen Kapitalisten oder Parteipolitikern werden? Nicht die Eliten wurden ausgetauscht, sondern das Verständnis von Elite wandelte sich. Zur Elite gehörte, wer staatliche Ressourcen oder Dienstleistungen privatisieren und für die eigene Wohlfahrtssteigerung nutzen konnte. Zur neuen Elite gehörte, wer über das »Sozialkapital« verfügte, um sich staatliche Ressourcen ohne demokratische oder rechtsstaatliche Kontrolle privilegiert aneignen zu können. Auf den Kollaps des Ancien Régime folgte eine Machtmetamorphose.

Dem Zeitgeist folgend setzte die überwiegende Mehrheit der westlichen Ratgeber auf das wirtschaftsliberale Credo des Thatcherismus und der Reagonomics. Preisliberalisierung, schnelle Privatisierung, Abbau von Sozialleistungen, Kündigungen, Freihandel, Konvertibilität der Währung, freie Bahn für Auslandsinvestoren und Insolvenz lautete das Mantra der Schocktherapie. Der Balcerowicz-Plan von 1989, benannt nach dem polnischen Finanzminister jener Zeit, lieferte die Blaupause für das Wirtschaftswunder. Das kurze Tal der Tränen würde schnell die blühenden Landschaften bewässern. Wer für politische Kontrolle über die Privatisierung optierte, für eine Zerschlagung der sozialistischen Monopole statt Insiderprivatisierung, für den Erhalt öffentlicher Dienstleistungen nah am Menschen, für Investitionen statt »asset stripping« – Günter Grass sprach vom Schnäppchen namens DDR –, wer soziale Absicherung forderte statt Deindustrialisierung und Entvölkerung ganzer Landstriche, konnte nur ein Ewiggestriger sein.

Die Reformen des Wirtschaftsrechts setzten auf Deregulierung, ein Zurückschneiden öffentlicher Ausgaben und Subventionen und auf umfassende Eigentumsrechte. Stabilisierungspolitik, d.h. die Kontrolle von Inflation, Preisen, Löhnen und Staatsausgaben, galt als Wachstumsbremse, während allein Marktreformen und Wettbewerb zu Wachstum führen würden. Investitionen in Bildung, Wissenschaft und Technologie fehlten indes. Die Ressourcenallokation hätte staatlicher Intervention bedurft, und ohne Verhandlungen, einen gesellschaftlichen Konsens und Konfliktregulierung zwischen den Tarifparteien und ohne aktive Sozial- und Arbeitsmarktpolitik musste die öffentliche Zustimmung einbrechen. Der östliche Kapitalismus begann so ohne Wettbewerb, ohne einen effektiven Staat, ohne Bankenkontrolle, ohne reelle Beteiligungsmöglichkeiten der Bevölkerung an der Privatisierung, ohne starke Gewerkschaften oder eine nennenswerte Sozialdemokratie. Die Entscheidung für die schnelle Privatisierung war eine politische zugunsten der entstehenden Unternehmerklasse, mitnichten eine gesamtwirtschaftliche. Dem Kapitalismus der Räuberbarone würde, so die Annahme, schon der Rechtsstaat folgen.

Dass schon ab den zweiten postsozialistischen Wahlen die (Reform-)Kommunisten und auch Nationalpopulisten an Stimmen zulegten, hätte eine frühe Warnung vor den späteren Sozialpopulisten sein können, die mit Sozialpolitik (und Wertkonservatismus) seither die antiliberale Wählerklientel mobilisieren. Die polnische PiS und die Fidesz in Ungarn können als eine zeitlich verzögerte Antwort auf die Rezepte des Balcerowicz-Plans und des Nepotismus der »Wirtschaftsreformer«, des obwaltenden »crony capitalism« interpretiert werden. Welche politischen Folgen es haben würde, wenn die Gewinner alles mitnähmen, war freilich nur ein Nischenthema in der Transformationsforschung. Die Transformationsverlierer meldeten sich umso vernehmbarer in der politischen Wirklichkeit zu Wort. Auf der Schnellstraße zur Demokratie – abgekoppelt von der politischen Ökonomie, insbesondere der Privatisierung – sollte auf die Liberalisierung die Institutionalisierung des neuen Regimes folgen. Das Erlernen und Übernehmen demokratischer Prozeduren würde sich schon einstellen. Wolfgang Merkel deklamierte eine Abfolge von »konstitutioneller«, »repräsentativer« und »Verhaltenskonsolidierung«, die zu einer »demokratischen Konsolidierung der politischen Kultur« führen würde.[13] Dass diese »Ebenen der Konsolidierung« wie zeitliche Stufen aufeinander aufbauen und nachfolgende »Ebenen« vom Erfolg der vorangegangenen »Konsolidierung« abhingen, wurde behauptet, allerdings keiner empirischen Überprüfung für Wert befunden. Rückfragen an die Apodiktik des Konsolidierungsbegriffes schienen indis-

13 Wolfgang Merkel, *Systemtransformation*, Opladen 1999.

kutabel. Ungarn und Polen mussten so jahrelang als Vorbilder dienen, divergierende Entwicklungen wurden ausgeblendet, bis sie nicht mehr zu übersehen waren.[14]

Auch die Argumentation, dass es das 1991 von Claus Offe beschworene Dilemma der Gleichzeitigkeit von Staatsbildung, Regimewechsel und Wirtschaftstransformation gar nicht gäbe, weil sich die Teile füglich ergänzten, blendete insbesondere die Spannungen zwischen Demokratisierung und dem ethnokulturellen Kampf um die Hegemonie der ethnischen Mehrheit aus.[15] Die postsozialistischen Staaten konstituierten sich als ethnische Nationalstaaten neu. Die jeweilige ethnische Kernnation reklamierte auf dem Balkan, in den Staaten der ehemaligen Sowjetunion und in den Visegrád-Staaten der alleinige Souverän zu sein. Die Marginalisierung bzw. gar der Ausschluss von ethnischen Minderheiten begrenzte staatsbürgerliche Beteiligungsrechte, Sprachrechte und den Marktzugang. Auch der Wechsel der Eigentumsordnung privilegierte zunächst eine kleine Unternehmerklasse, eine politische Kontrolle über die Privatisierung blieb aus. Die Privatisierung entbehrte durchweg demokratischer Beteiligungsmöglichkeiten,

14 Wolfgang Merkel, »Systemtransformation: Konsolidierung und Qualität der Demokratie«, in: Ferdinand Müller-Rommel, Florian Grotz (Hg.), *Regierungssysteme in Mittel- und Osteuropa*, Wiesbaden 2011, S. 37.

15 Claus Offe, »Das Dilemma der Gleichzeitigkeit. Demokratisierung und Marktwirtschaft in Osteuropa«, in: ders., *Übergänge. Vom Staatssozialismus zum demokratischen Kapitalismus*, Berlin 1991, S. 59-73.

weil eine Modifikation der Schocktherapie befürchtet wurde. Mit Zeitverzögerung politisierten dann die osteuropäischen Populisten die Erfahrung sozioökonomischer Ungleichheit.

Theorien der Transformation zu liberalen Demokratien sind nicht deshalb fehlgeleitet, weil sie normativ sind, sondern weil sich Vertreter deduktiver Theorien gegen Erkenntnisse aus der Erfahrungswelt sträuben. Die Politikwissenschaftler des Kalten Krieges hatten Gorbatschows Perestroika nicht für möglich gehalten. Er machte dann eine ganze Generation von Kreml-Deutern arbeitslos. Viktor Orbán und Jarosław Kaczyński schickten wiederum die Vertreter der »konsolidierten Demokratie« in den (Vor-)Ruhestand. Statt sich mit Lebens- und Erfahrungswelten zu befassen, kaprizierte sich die politikwissenschaftliche Debatte im Westen Europas auf Institutionenbildung, d.h. Verfassungen, Regierungs-, Wahl- und Parteiensysteme. Der Fokus lag auf der Institutionalisierung der Demokratie, durch die die Erbschaften der Vergangenheit überwunden würden. Die Politikwissenschaft konzentrierte sich nach 1989/90 auf die Vermessung von Demokratie (Freedom House, Polity IV, V-Dem, The Economist, Bertelsmann Transformation Index). Die Vermessung von Demokratiegraden, damit der Annäherung an einen Idealtyp, ließ jedoch offen, auf welchen gesellschaftlichen und politischen Voraussetzungen Fortschritte zur Demokratie oder autoritäre Regression gründeten. Illiberale bis autoritäre Rückschritte wurden von der Politikwissenschaft vermerkt, die Ursachenerklärungen blieben jedoch dünn, insbesondere fehlte es an einer Verknüpfung von

Transformationserfahrungen mit der Zustimmung zu populistischer Politik.

Auf welche Weise, in welchem Ausmaß und ob überhaupt ein demokratisches Ideal verwirklicht werden kann, diese Frage blieb eigentümlich ausgespart. Wie wurde Demokratie gedacht: als eine Wahldemokratie basierend auf Mehrheitsentscheidungen oder als eine Mitwirkungsdemokratie? Als populistische oder plebiszitäre Demokratie, als souveräne Demokratie, als deliberative Demokratie, soziale Demokratie oder als Schutz von Minderheiten vor dem Terror der Mehrheit? Und war und ist »Demokratie« das einzige oder wenigstens das dominante Spiel? Könnte die wirtschaftliche Transformation die Demokratie bedrohen? Die Rede von der Demokratisierung Osteuropas kam erstaunlich voraussetzungslos daher, so als sei es nur eine Frage des rechten politischen Ingenieurswesens und der Elitenpräferenzen, ob die Demokratie ins Werk gesetzt werden könne.

Der neoinstitutionalistische »Mindset« sparte von Anfang an die informellen Praktiken des Regierens aus oder behandelte sie nur als lästiges Relikt der Vergangenheit. Informelles Regieren galt als vordemokratisch, als Defekt. Informelle soziale Praktiken der Problembewältigung hatten sich freilich im Spätsozialismus fest etabliert, als alltägliche Anpassung an die Mangelökonomie und den Doppelsprech. Die mangelnde demokratische Kontrolle über die Privatisierung des Staatseigentums sowie die Entkopplung von wirtschaftlicher und demokratischer Transition ermöglichten die Verfolgung von partikularen Interessen, die auf formalem

Wege oder aus normativen Gründen nicht durchsetzbar waren. Informelle Praktiken etablierten oder verschlossen Zugangskanäle, inkorporierten einen Teil der alten Eliten, erlaubten Hinterzimmer-Kompromisse zwischen politischen Akteuren und dienten der Selektion von politischen und wirtschaftlichen Eliten. Die Entsakralisierung der Demokratie begann im Zuge der informellen Praktiken der Privatisierung. »Ist das schon Demokratie oder kommt es noch schlimmer?«, fragten sich jene, die später dem Anti-Eliten-Diskurs von Putin, Orbán oder Kaczyński folgen sollten.

Ab der Jahrtausendwende schwand im Westen sukzessive die Zuversicht auf die Selbstentfaltungskraft der Demokratie. Auf die Rede von den Demokratien mit Adjektiven – unvollständig, aber auf dem rechten Weg – folgte bald der Topos von den hybriden Regimen, zwar unentschieden, aber noch ergebnisoffen. Erst im zweiten Jahrzehnt des neuen Jahrtausends gewann dann die Rede von den Wahlautokratien die Oberhand. Während die Verfassungsordnungen in Osteuropa große Gemeinsamkeiten aufwiesen und der zeitweilige Semi-Präsidentialismus sich entweder dem präsidentiellen oder parlamentarischen Ende zuneigte, konnten die politischen Lagerstrukturen und die Machtverteilung zwischen den Verfassungsorganen immer weniger mit dem Ausmaß an Elitenkontinuität erklärt werden. Geradezu als tödlich für die Transitologie erwies sich, dass die Affinität von Politik für illiberale, populistische oder autoritäre Trends sich nicht auf unterschiedliche Regierungssysteme zurückführen ließ. Die vermeintlichen Musterschüler der Konsolidierung – Polen, Ungarn,

Tschechien – konnten die Wende zu illiberaler Politik (Polen, Ungarn) oder die Oligarchenmacht (Tschechien) institutionell nicht verhindern, und auch die EU-Mitgliedschaft zeitigte keinen nachhaltigen Einfluss auf eine dauerhafte demokratische Konsolidierung. Das rüttelte an den Grundfesten der politikwissenschaftlichen Theoriebildung.

Die ersten postkommunistischen Wahlen trennten die Anhänger des alten Systems von den Verfechtern der neu aufziehenden liberalen Ordnung. Die Politikwissenschaft erwartete allerdings nach der Entstehung von klein- und mittelständischen Unternehmen ein Wahlverhalten entlang ökonomischer Konfliktlinien. Der rationale Wähler würde über den identitären Wähler siegen. Nationalistisches Wahlverhalten oder die Polarisierung über den Umgang mit der kommunistischen Vergangenheit ließen sich folglich als temporäre Übergangserscheinung abhandeln. Identitätspolitik obsiegt indes häufig, nicht nur im Osten, über den Homo oeconomicus. Auch im Falle der imperialen Ambitionen Putins und seiner vorgeblichen Rettung der gekränkten »russischen Seele« siegt die Beschwörung von Identitäten über das Image vom kühlen, rationalen Schachspieler. Materielle Anreize sind relativ, teilbar, also auch verhandelbar. Wird die Verwirklichung eines identitären Selbstbildes jedoch zum absoluten Zweck erhoben, dann schrumpft der Raum für Kompromisse und Konsens.

Entgegen der Annahme einer schnellen Strukturierung des Parteiensystems wurde Osteuropa zum Vorreiter einer europaweiten Parteienfragmentierung, der

Abnahme von Wahlbeteiligung und der Volatilität von Wahlverhalten.[16] Struktur und Dynamik des parteipolitischen Wettbewerbs glichen sich in den alten Demokratien Europas und den postsozialistischen Staaten Europas an. Ein Unterschied ist jedoch dauerhaft bedeutsam geblieben. Zivilgesellschaftliche Organisationen hatten maßgeblich zum Untergang des Sozialismus beigetragen, zumindest in Polen, Ungarn, der Tschechoslowakei und den baltischen Staaten. Und während viele NGOs nach dem Ende des Sozialismus in den Bereichen Bildung, Gesundheit, Freizeit und Soziales den Rückzug des Staates zu kompensieren suchten, leiden sie heute unter der Polarisierung des öffentlichen Diskurses, mangelnden Finanzen, der Abhängigkeit von externen Geldgebern, dem Zwang sich zu professionalisieren, aber auch dem Druck, der von nationalistischen und illiberalen Parteien auf kritische NGOs ausgeübt wird.[17] Das Verbandswesen – Gewerkschaften, Unter-

16 Geoffrey Evans, »The Social Bases of Political Divisions in Post-Communist Eastern Europe«, in: *Annual Review of Sociology* 32 (1) 2008, S. 245-270; Jan Rovny, »Party Competition Structure in Eastern Europe: Aggregate Uniformity versus Idiosyncratic Diversity?«, in: *East European Politics and Societies* 29 (1), 2015, S. 1-21.

17 Siri Hummel, Laura Pfirter, Johannes Roth, Rupert Graf Strachwitz, *Understanding Civil Society in Europe: A Foundation for International Cooperation*, Institut für Auslandsbeziehungen, Stuttgart 2020, https://www.ssoar.info/ssoar/bitstream/handle/document/71556/ssoar-2020-hummel_et_al-Understanding_Civil_Society_in_Europe.pdf?sequence=1&isAllowed=y&lnkname=ssoar-2020-hummel_et_al-Understanding_Civil_Society_in_Europe.pdf.

nehmerverbände, große Wohlfahrtsverbände – findet in Ostmitteleuropa, aber auch im postsowjetischen Raum vergleichsweise wenig Zuspruch. Die Folge ist ein Repräsentationsdefizit, das wiederum populistischen Bewegungspolitikern als Einfallstor dient.

Rückkehr der Vergangenheit oder Schatten der Transformation?

Die Erbschaften der postsowjetischen Staaten auf der einen und von Ostmitteleuropa auf der anderen Seite unterscheiden sich. Der postsowjetische Raum ist gekennzeichnet durch die Länge der Systemzeit (seit der Oktoberrevolution von 1917), einen Systemwechsel »von oben«, geringen Elitenaustausch, den Übergang von kommunistischer Parteiherrschaft zu postkommunistischer Autokratie (in Russland, Zentralasien, Aserbaidschan und Belarus) und durch den Wandel früherer kommunistischer Parteifunktionäre zu Bannerträgern des Nationalismus. In Ostmitteleuropa wiederum waren die Kommunisten durch die Rote Armee an die Macht gelangt, der Sozialismus blieb national geprägt und das nichtorthodoxe Christentum präsent. Im Spätsozialismus in Ostmitteleuropa gab es eine starke Opposition »von unten« und einen ausgeprägten Konflikt zwischen prowestlichen intellektuellen Eliten und wertkonservativen Wählergruppen.

Der Typ des Systemübergangs (»von oben« oder »von unten«) wirke sich langfristig auf die Art des politischen Regimes aus, meinte Terry Lynn Karl vor dem

Hintergrund lateinamerikanischer Erfahrungen.[18] Herbert Kitschelt wiederum räumte mit der Vorstellung auf, die Startbedingungen seien 1990/91 überall mehr oder weniger gleich gewesen. Kitschelt unterschied zwischen *erstens* dem patrimonialen Typ des Sozialismus mit extensiver Patronage und Klientelismus mit einer kleinen Herrscherclique, Personenkult und Nepotismus (v. a. in Russland und Zentralasien); *zweitens* einem nationalangepassten Typ des Sozialismus mit ausgeprägten Land-Stadt-Gegensätzen, niedrigschwelliger Toleranz für Dissidenten und früher ideologischer Erosion (Beispiel Polen); sowie *drittens* dem reformunwilligen Kommunismus mit einem autoritären, technokratischen, hierarchischen Parteistaat und professioneller Bürokratie (Beispiele: DDR und Tschechoslowakei).[19] Der jeweilige spätsozialistische Typ bestimmte demnach die Erfolgsaussichten der Demokratisierung.

Wenn die autoritäre oder illiberale Regression in einer Reihe osteuropäischer Staaten nicht auf formale Institutionen zurückzuführen ist und der Modus des Übergangs (»paktierte Transition« wie in Polen, Elitenspaltung und beherzte Selbstreformierung wie in Ungarn oder ziviles Engagement »von unten« wie in Tschechien) sich nicht dauerhaft auf die Resilienz von Demokratie auswirkte, dann blieben drei Erklärungen übrig: histo-

18 Terry Lynn Karl, »Dilemmas of Democratization in Latin America«, in: *Comparative Politics* 1 (1990), S. 1-21.

19 Herbert Kitschelt, Zdenka Mansfeldova, Radoslaw Markowski, Gabor Toka, *Postcommunist Party System,* Cambridge 1999, S. 23-27.

rische Erbschaften, negative Transformationserfahrungen und säkulare Trends, die in ganz Europa beobachtet werden. Während die erste Welle der Transitologen von den Imperativen des Systemwechsels sprach, gewannen immer mehr Erbschaftsargumente an Raum. Die kognitiven und mentalen Erbschaften, die der Spätsozialismus hinterließ, prägten demnach die postkommunistischen Spaltungslinien, die Formierung von Parteien und den Modus operandi.

Von 26 ehemals sozialistischen Staaten hatten 1996, basierend auf Freedom-House-Berichten, nur Bulgarien, die Tschechische Republik, Ungarn, Polen, die Slowakei, Slowenien und die drei baltischen Staaten mehr oder minder demokratische Entscheidungsprozeduren etabliert. Zehn Länder schwankten zwischen Demokratie und Autoritarismus: Albanien, Armenien, Kroatien, Georgien, Kirgistan, Mazedonien, Moldawien, Rumänien, Russland und die Ukraine, während Aserbaidschan, Belarus, Kasachstan, Serbien, Tadschikistan, Turkmenistan und Usbekistan als zweifelsfrei autoritär galten.[20] Das Bild des Ostens differenzierte sich also schon Mitte der 1990er Jahre aus. Als Vorreiter der Entwicklung zur Demokratie und damit frühe Kandidaten für EU-Mitgliedschaft galten Staaten, die auf, wenn auch begrenzte, Demokratieerfahrungen aus der Zwischenkriegszeit zurückgreifen konnten. Sie hatten Verfassungskonflikte um Präsidentialismus oder Parlamentarismus relativ früh entschieden, Lustrationspolitik

20 Ebd., S. 14.

betrieben, Vertreter der alten Eliten davongejagt und für eine wirtschaftliche Schocktherapie optiert.

Mehr als dreißig Jahre nach 1989/90 berichtet Freedom House für das Jahr 2021, dass demokratische Institutionen in Kirgisistan, Belarus und Russland im Niedergang begriffen sind, die Reformbemühungen in der Ukraine und Armenien stagnieren, die Rechte der Roma in Bulgarien weiter eingeschränkt werden, in Ungarn die Covid-19-Pandemie für die Ausweitung der Notstandsrechte missbraucht wird, in Serbien unfaire Wahlen das Mehrparteiensystem bedrohen, im Kosovo eine Regierung verfassungswidrig an der Macht ist, während umgekehrt in Montenegro ein sechsjähriger Abwärtstrend zumindest gestoppt wurde und erstmals ein Vertreter der Opposition an der Macht ist und in Nordmazedonien eine Reformregierung gewählt wurde. Der Gesamteindruck ist jedoch, dass in den ehemals sozialistischen Staaten die Demokratie nicht blüht, sondern verwelkt. Der Rückblick von Freedom House auf die letzten 15 Jahre vermerkt eine globale Verschlechterung in Bezug auf die Freiheit von Wahlen, von politischem Pluralismus und Partizipation, schlechte statt gute Regierungsführung, die Einschränkung von Glaubens- und Meinungsfreiheit, von Versammlungsfreiheit, der Rechtsstaatlichkeit und der Persönlichkeitsrechte. Mit Ausnahme eines Zuwachses an individuellen Freiheitsrechten im eurasischen Raum sind die Rückschritte bei der Wahlfreiheit, der Funktionsfähigkeit von Regierungen (namentlich Korruption), der Meinungs- und Glaubensfreiheit und der Rechtsstaatlichkeit besonders ausgeprägt im eurasischen

Raum[21] – statt einer dritten Welle der Demokratisierung ein Tsunami der illiberalen bis autoritären Regression. Worauf ist dieser bestürzende Befund zurückzuführen? Sind tiefer sitzende Erbschaften oder Enttäuschungen über die Transformation ausschlaggebend? Gibt es die Hinterlassenschaft einer postsozialistischen Mentalität?

Anhand der European Values Study/World Values Survey 1990-2014 stellten Plamen Akaliyski und Christian Welzel fest, dass der ehemalige Eiserne Vorhang keine kulturelle Grenze mehr darstellt. Die ehemals sozialistischen Staaten, die der EU beigetreten sind, haben sich den »emanzipativen Werten« angenähert. Jedoch ist eine neue und stark zunehmende kulturelle Kluft entstanden. Die beiden konkurrierenden geopolitischen Formationen – die Europäische Union und die Staaten des eurasischen Raumes – haben sich in den letzten Jahrzehnten kulturell auseinanderentwickelt. Die Zustimmung zu oder Ablehnung von »emanzipativen Werten« wird immer deutlicher zum Marker kultureller Verwestlichung. Die Geopolitik schlägt auf zivilisatorische Identitäten durch.[22] Zwei Themen zeichnen die postsozialistischen Einstellungen besonders aus: Geschlechtergleichheit wird weniger akzeptiert als in Ländern, die nicht unter sozialistischer Herrschaft lebten,

21 https://freedomhouse.org/sites/default/files/2021-02/FIW2021_World_02252021_FINAL-web-upload.pdf.

22 Plamen Akaliyski, Christian Welzel, »Clashing Values: Cultural and Geopolitical Transformations of Post-Cold War Europe«, in: *World Values Research* 11 (4), 2019, S. 85-123.

und die Orientierung auf Sozialpolitik ist stärker.[23] Variationen erklären sich durch den Bildungsgrad, den Katholizismus, den Anteil der Mitglieder in der kommunistischen Partei, den Grad der Verstädterung und durch die Sozialisation der Eltern.

Zwischen Sozialismus, Nationalismus und Autoritarismus gibt es offenkundig Schnittmengen, die Anknüpfungspunkte für illiberale und für autokratische Politiker bieten, dazu gehören der Führerkult, ein Kult der Masse, der Egalitarismus, der Populismus, das Freund-Feind-Denken, Verschwörungstheorien, der Antiliberalismus, die Militarisierung des Denkens und die Unterwerfung der Innenpolitik unter Imperative der Sicherheit. Im hegemonialen Diskurs Russlands über den Krieg gegen die Ukraine finden sich all diese Muster.

Ein weiteres Feld der Absonderung von einem transnationalen Europa ist die Nationalisierung der Geschichtspolitik. Die postsozialistischen Staaten instrumentalisieren die Geschichte und entwerfen patriotische Narrative. Hoch emotional werden politische Geschichtsdebatten geführt. Staatlich kontrollierte Geschichtsinstitute produzieren offizielle Versionen der Vergangenheit und verfolgen abweichende Auffassungen selbst vor Gericht. Landesheilige oder Gründerfürsten stehen wieder auf oder werden zu Nationalhelden stilisiert. Eine Verurteilung oder Distanzierung von der Gewalt der eigenen Nationalhelden findet sich nicht, stattdessen dominieren Märtyrer- und Opferkonkurrenz. Die

23 Grigore Pop-Eleches, Joshua A. Tucker, *Communism's Shadow: Historical Legacies and Contemporary Political Attitudes*, Princeton 2017.

Geschichte mutiert zur Staatsreligion, von der abzuweichen einer Häresie gleichkommt.

Der wirtschaftliche Systemwechsel hat eine ungeahnte Kluft zwischen Arm und Reich aufgerissen und eine Ungleichheit geschaffen, die sich auf den sozialen Frieden auswirken musste. Ob und welch ein Zusammenhang zwischen Neigung zur Autokratie und wachsender Ungleichheit der Einkommen besteht, ist nicht leicht auszumachen. Neben der Türkei führen Russland, Bulgarien, Montenegro, Litauen, Lettland, Rumänien und Serbien die Liste der europäischen Länder mit den größten Einkommensunterschieden an. Das russische Amt für Statistik gab einen Gini-Indexwert von 41,1 für das Jahr 2018 an, im EU-Durchschnitt lag er 2019 bei 30,7.[24] Die Einkommensungleichheit in Russland ist mithin im internationalen Vergleich extrem hoch, am ehesten vergleichbar mit den USA. Die Berechnungsgrundlagen sind zwar strittig,[25] aber in den homogenen sozialistischen Gesellschaften mit geringer Einkommensstratifikation drifteten innerhalb kürzester Zeit die Einkommen zwischen Transformationsgewinnern und -verlierern weit auseinander. Darunter hatten der soziale Zusammenhalt und das Vertrauen in die Fairness staatlicher Institutionen zu leiden, welche für die Privatisierung verantwortlich zeichneten – ein Ansatzpunkt für den späteren Antielitismus und die Sozialpolitik der Sozialpopulisten.

24 https://appsso.eurostat.ec.europa.eu/nui/show.do?dataset=ilc_di12&lang=de.

25 https://www.laender-analysen.de/russland-analysen/390/einkommensungleichverteilung-in-russland/.

Wenn es eine kollektive Erfahrung gibt, die das postsozialistische Osteuropa von Westeuropa trennt, aber sozialwissenschaftlich unberücksichtigt blieb, dann ist es die traumatische Entwurzelung, der massenhafte Verlust von Arbeitsplätzen, sozialer Sicherheit und Einkommen, d.h. der Planbarkeit von Lebensentwürfen und Familienleben im angestammten Umfeld. Die wirtschaftlichen Meldungen über die Erfolge der »Schocktherapie« oder das Wirtschaftswachstum verdeckten drei Jahrzehnte lang die quantitativ und qualitativ kaum zu erfassende Arbeitsmobilität. Der Exodus von jungen Fachkräften aus Zentralasien, dem Kaukasus oder den De-facto-Regimen nach Russland, von der Ukraine oder Polen nach Westeuropa bzw. vom Balkan nach Westeuropa hält ungebrochen an. Die massive Abwanderung von jungen Männern, von qualifizierten Fachkräften zerreißt Familien, Gemeinschaften, Arbeitskollektive, Kirchengemeinden und Vereine. Viele Menschen in Osteuropa führen kein sesshaftes Leben in Eigentumswohnungen oder Reihenhäusern, sondern sind auf der Bahn, im Bus, im Auto, im Lastwagen unterwegs. Kinder kommunizieren mit ihren Vätern oder Müttern über Monate nur per WhatsApp oder Skype. Die Entwurzelung untergräbt den sozialen Zusammenhalt und die Sozialsysteme.

Arbeitsmigration gibt es vom Süden in den Norden Europas seit bald sechzig Jahren, aber das Ausmaß der Arbeits- und Bildungsmigration aus Osteuropa in die reichen europäischen Länder ist um ein Vielfaches größer. Die Arbeitsmigranten bleiben mit ihrer Herkunftsgesellschaft verbunden, sie überweisen Geld, aber kaum einer kehrt dauerhaft zurück. Die Arbeitsmigranten – Männer auf dem Bau, Frauen in Pflegeberufen und im Reinigungsgewerbe, oft auch als Sexarbeiterinnen – leben jahrelang in prekären, ungesicherten Arbeitsverhältnissen, als Saisonarbeiter, in miserablen Unterkünften, in ethnischen Ghettos, abgetrennt von ihren Familien und ihrem gewohnten sozialen Umfeld, losgelöst von politischen Partizipationsräumen, mit begrenzten Sprachkenntnissen und einer Integrationsperspektive, die erst durch Kinder entsteht. Das Ausmaß der sozialen Entwurzelung ist vergleichbar den großen, armutsbedingten Auswanderungswellen aus Osteuropa bis zum Ersten Weltkrieg. Osteuropa unterscheidet sich von Westeuropa, weil diese Fundamentalerfahrung in den saturierten westeuropäischen Gesellschaften, die von den Ostarbeitern täglich als billigen, außertariflich bezahlten Arbeitskräften profitieren, nicht wahrgenommen wird.

Gehört Russland zu Europa? Wo hört Europa auf?

Politisch sind die Grenzen Europas seit 1945 immer am Verhältnis zum Westen festgemacht worden. Wenn Russen, Zentralasiaten, Ukrainer oder die Staaten im Südkaukasus von Europa sprechen, dann meinen sie ein ideelles Europa, einen europäischen Werteraum. Russlands unmittelbare Nachbarn, vor allem die Polen und Balten, würden eine solch inklusive Sicht wohl mehrheitlich verneinen. Für viele Westeuropäer mag Russland fern und nur durch die Anwesenheit seiner kaufkräftigen Konsumenten präsent sein. Die Wahrnehmungen

Russlands durch die Deutschen wechselten wiederum von Bismarck über den Vertrag von Rapallo hin zum Hitler-Stalin-Pakt, von der deutschen Teilung zur Entspannungspolitik, von Gorbatschow zu Putin. Russland war in Deutschland immer das Gegengewicht zu einer abgelehnten oder nur zur Hälfte vollzogenen Westorientierung. Für Deutschlands Politiker, mit Ausnahme von Adenauers CDU und der Partei Bündnis 90/Die Grünen, war der »lange Weg nach Westen« nie ganz abgeschlossen oder nur zur Hälfte zurückgelegt. Die »wertebasierte« Außenpolitik fand nach Adenauer stets eine Grenze am Bedürfnis nach Gleichgewichtspolitik, wenn nicht gar Äquidistanz zu den Großmächten. Nach 1989 waren die meisten Osteuropäer deshalb ideell viel westlicher als Deutschland, das sich gern als Mediator zwischen Ost und West sah.

Nach dem hergebrachten, gewachsenen und doch willkürlichen Verständnis der Geographen gehört Russland teilweise zu Europa (bis zum Ural), zum großen Teil aber zu Asien. Doch ist diese Grenzziehung politisch bedeutsam? Russland ist ein Vielvölkerstaat mit einem überwältigenden Anteil ethnischer Russen und mit Russisch als Lingua franca – die Kartographie scheidet nicht die Kulturen. Aus geschichtlicher Perspektive lässt sich auf die gemeinsame Prägung durch das Christentum oder auf die Trennung zwischen Orthodoxie und Katholizismus verweisen, auf monarchische, kulturelle und akademische Verflechtungen oder auf kanonisierte Stereotypen, etwa von »dem Russen« oder »dem Deutschen«, die in der Literatur und Filmen ihren Niederschlag gefunden haben. Betrachtet man Charakteristika wie die Kultur, Bildung, die Wissenschaft oder Technik, dann lassen sich Eigenheiten, aber auch zahllose Gemeinsamkeiten identifizieren.

In der Politik gab es nach der Auflösung der Sowjetunion Hoffnungen auf eine Systemkonvergenz, doch seit der Jahrtausendwende überwiegt das Trennende, nämlich ein Konflikt über unterschiedliche politische Ordnungen. Russland gehört zwar nicht zu einem anderen Kulturkreis als die überwiegende Zahl der europäischen Länder, und doch sind die hohen Zustimmungsraten für Putin und dessen imperiale Ambitionen Ausdruck eines charismatischen Glaubens, einer unzivilen Gesellschaft, einer populären Gewaltkultur und einer populistischen Erwartung an die Einheit von Volk, Imperium und Präsident. Die Präferenzen der politischen Eliten in Russland setzen seit mehr als zwei Jahrzehnten auf Konfrontation mit Europa, während es unter den wirtschaftlichen Eliten ein hohes Maß an Gemeinsamkeit gibt. Je nach Dimension lassen sich trennende oder verbindende Momente vortragen, und sie werden stets Teil des Diskurses bleiben.

Aus neorealistischer Perspektive stehen die EU und Russland in geopolitischer Konkurrenz zueinander, Russland verfolgt aus europäischer Perspektive imperiale Ambitionen und weigert sich, ein normaler Nationalstaat zu werden. Aus russischer Sicht betreibt der Kreml hingegen nur Gleichgewichtspolitik gegenüber einem expansiven Westen. Demnach wäre der Konflikt nicht auflösbar, weil er sich aus dem Nullsummenspiel beider Akteure speist. Manche Interpreten, sowohl in Russland als auch im Westen, erkennen einen Zivilisationskonflikt, der älter ist als die Sowjetunion und die Folgen ihrer Auflösung. Russland gehört demnach einem anderen Zivilisationskreis an aufgrund der fehlenden Aufklärung, seines eurasischen Selbstverständnisses, des Mangels an einer autonomen Zivilgesellschaft und der mentalen Erbschaft des Homo sovieticus.

Im Konflikt Russlands mit dem Westen äußert sich die Renaissance eines Systemkonflikts zwischen Demokratie und Autokratie. Die innerrussische Wende zum Autoritarismus setzt sich in aggressivem Außenverhalten fort. Es gibt fundamentale, nicht nur publizistisch konstruierte Konflikte über die »Freiheit der Wahl« postsozialistischer Staaten, über die Achtung von Menschen- und Bürgerrechten und den Respekt vor dem Völkerrecht. Vertreter einer sogenannten Dialogpolitik haben den antagonistischen Charakter dieses Konfliktes bis zum Angriffskrieg gegen die Ukraine durch einen Primat der Handelspolitik, durch die Legitimierung von Russlands Großmachtinteressen und den Wunderglauben an die eigene zivilisierende Kraft zu ignorieren versucht.

Freilich lassen sich internationale Beziehungen auch als System kommunizierender Röhren verstehen, somit wäre Russland nicht autistisch, sondern es interagiert mit seiner Umwelt, verarbeitet Signale und ist in seinem Verhalten nicht überdeterminiert durch die Geopolitik, die autoritäre Innenpolitik oder durch Bilder vom westlichen Gegner. Der Eindruck, russische Befindlichkeiten würden ignoriert und die Schwäche der 1990er Jahre sei ausgenutzt worden, hat seit der Jahrtausendwende sukzessive zur Abkehr von der Westorientierung in Russland beigetragen. Entscheidende Wegmarken dieser Desillusionierung waren der frühe Lobbyismus für die NATO-Erweiterung durch den damaligen Verteidigungsminister Volker Rühe (ab 1993), und zwar zu einem Zeitpunkt, als die Osteuropäer darüber noch tief gespalten waren; ferner der Kosovokrieg ohne UN-Mandat, das westliche Desinteresse an Rüstungskontrolle, der Irakkrieg und der gewaltsame Regimewechsel in Libyen. Man kann nur spekulieren, ob eine Absage an die Ausdehnung permanenter NATO-Infrastrukturen, die Umsetzung des Vertrages über konventionelle Streitkräfte in Europa oder eine Einbeziehung Russlands in eine politische Regelung des Kosovokrieges im Jahre 1998 andere Ergebnisse gezeitigt hätte. Die innerrussische Machtvertikale, die Verfestigung antiwestlicher Feindbilder und eine zynische, auf Desinformation und Lügen basierende Staatspropaganda unter Präsident Putin unterminierten indes sukzessive das Vertrauen. Die Vorstellung kooperativer Sicherheit während des Ost-West-Konfliktes gründete auf der Bewahrung des Status quo. Das russische Regime unter Präsident Putin sann jedoch von Anfang an auf Revision. Die postsowjetischen Staaten gelten in russischer Sicht bestenfalls als halbsouverän. Kooperative Sicherheit und Russlands Revisionismus schließen sich aus, und insofern liegt in der westlichen Rückkehr zu Abschreckung, Eindämmung und dem »Rollback« russischer Aggression gegen die Ukraine eine gewisse Unvermeidlichkeit. Putins bonapartistische Herrschaft bedeutete von Anfang an Gewalt nach innen und außen, sie war stets Inbegriff einer unzivilen Macht.

Die früheren Opfer russischer bzw. sowjetischer Eroberungen in Osteuropa hegten aufgrund der ausgebliebenen Entstalinisierung in Russland keine Illusionen über dessen Gewaltbereitschaft. Die deutsche Politik meinte indes die eigene historische Schuld ausschließlich gegenüber Russland und Israel bewältigen zu müssen. Diese Nabelschau, gepaart mit der Faszination von Russlands pompöser Inszenierung der Macht und des Geldes, das in Russland zu verdienen war, machte blind für den autokratischen Regimecharakter. Deutschland wollte Brückenbauer zu Russland sein, trug jedoch gerade dadurch zur Spaltung Europas bei.

Russland ist für die EU auch eine innere Herausforderung, weil autoritäre Regression mit populärer Zustimmung einhergeht und Russland insofern für manche antieuropäischen Bewegungen eine attraktive Alternative darstellt. Die normative, sozialintegrative, ökonomische und massenpsychologische Überlegenheit von Demokratien ist keineswegs selbstverständlich. Diverse Ursachen sind für die globale Renaissance autoritärer Herrschaft aufgeführt worden, darunter die Korruption in Übergangsregimen, die schlechte Leistungsbilanz liberaler Demokratien, die Preisgabe rechtsstaatlicher Normen infolge des »Kriegs gegen den Terror«, ein Wertewandel zugunsten von materieller und physischer Sicherheit, die Vernachlässigung von Inklusion und wirtschaftlicher Gerechtigkeit durch den liberalen Kapitalismus, ein zunehmendes Wohlstandsgefälle zwischen Arm und Reich und die Repräsentationsdefizite herkömmlicher Parteien. Demokratien galten zwar lange Zeit als legitimer, repräsentativer und integrativer als autoritäre Regime und als ökonomisch überlegen, weil sie den Missbrauch von öffentlichen Ämtern einschränken, Eigentumsrechte achten und die Rentenökonomie einhegen. Kritiker konstatieren allerdings, dass gerade autoritäre Regime jene Art von Industrie- und Technologieförderung implementieren könnten, die für schnelles ökonomisches Wachstum nötig ist.[26] Der Stalinismus, die »asiatischen Tiger«, China, Russland und die Türkei belegen, dass hohes Wachstum unter autoritären Bedingungen möglich ist.

Der Vertrauenskredit von autoritären Regimen fällt gelegentlich verblüffend hoch aus. Laut dem Democracy Perception Index von 2018, einer Befragung von 125 000 Menschen in 50 Ländern, glaubten 51 Prozent der Befragten, dass ihre Stimme selten oder nie von der Politik gehört werde, und 58 Prozent glaubten, dass ihre Regierung nicht in ihrem Interesse handle. In Demokratien hatten 64 Prozent der Befragten den Eindruck, dass ihre Regierungen nicht in ihrem Interesse handeln, in nichtdemokratischen Regimen sind dies zum Vergleich nur 41 Prozent.[27] In der Türkei waren 53 Prozent der Befragten der Ansicht, dass ihre Stimme in der Politik nicht zähle, in Russland waren es 44 Prozent, während die Spitzenreiter unter den Enttäuschten im Jahre 2018 gerade etablierte Demokratien wie Japan (74 Prozent), Polen (63 Prozent), Frankreich (62 Prozent), Ös-

26 Jakob de Haan, Clemens L.J. Siermann, »New Evidence on the Relationship between Democracy and Growth«, in: *Public Choice*, 1/2 (1996), S. 175-198, S. 177f.

27 http://www.allianceofdemocracies.org/initiatives/the-copenhagen-democracy-summit/press-release-dpi/.

terreich (62 Prozent), Portugal (62 Prozent) und Norwegen (61 Prozent) waren. Das Paradigma vom globalen Siegeszug der Demokratie wird in einer relevanten Anzahl von Ländern infrage gestellt, die Unzufriedenheit mit der Demokratie ist in Ost- wie Westeuropa und im Süden hoch, Ausnahme sind skandinavische Länder wie Schweden.[28] Die Wahrnehmung des tatsächlichen Regierungshandelns ist bedeutsamer für die Zufriedenheit mit der Demokratie als plurale Wahlmöglichkeiten alle vier oder fünf Jahre.

Was können Gründe dafür sein? Das Ausmaß von Enttäuschung ist stets relativ zu den Erwartungen. In Demokratien dürften Erwartungen höher sein, doch die populären Bindungen an autoritäre Regime liegen tiefer. Die Erosion demokratischer Regime wird vor allem durch die Kombination von ausgeprägten sozialen Spaltungen, einer schlecht funktionierenden oder deregulierten Wirtschaft, durch nicht überwundene autoritäre Erbschaften, instabile Regierungen und äußere Einflussnahme angetrieben.[29]

Warum sind Autokratien bisweilen populär? Ein materialistischer Ansatz sieht den Zuspruch als Ergebnis von Leistung: Autoritäre Regime seien populär, solange sie Wachstum und soziale Sicherheit generierten. Pu-

28 Richard Wike, Jacob Poushter, Laura Silver, Kat Devlin, Janell Fetterolf, Alexandra Castillo, Christine Huang, *Democratic satisfaction*, PEW Research Centre 2019, https://www.pewresearch.org/global/2019/10/14/democratic-satisfaction/.

29 Abraham Diskin, Hanna Diskin, Reuven Y. Hazan, »Why Democracies Collapse: The Reasons for Democratic Failure and Success«, in: *International Political Science Review/Revue internationale de science politique*, Bd. 26, Nr. 3 (Juli) 2005, S. 291-309.

tin profitierte so lange Zeit von Leistungszuwächsen in der Wirtschaft, der Erhöhung von Renten, interregionalen Transfers und Erhöhungen des Reallohns. Die Attraktivität von Regimen hängt demnach entscheidend von der Leistungsfähigkeit ab, egal ob es sich um eine Demokratie oder eine Autokratie handelt.

Eine andere Erklärung argumentiert mit der »Versicherheitlichung« der Innenpolitik und Ablenkungskriegen. Vertreter dieser Deutung betonen die Technologien der Macht, die Kontrolle und Steuerung der Massenmedien einschließlich der gezielten Nutzung des Internets und der sozialen Medien und die bewusste Polarisierung der Politik.[30] Der »Regimezuspruch« wäre demnach ein Reflex von hegemonialer Propaganda und zugleich von Angst. Eine dritte Erklärung geht davon aus, dass ein substanzieller Teil der Bevölkerung autoritäre Herrschaft befürwortet.[31] Die Hoffnung auf einen machtvollen Retter, dem charismatische Eigenschaften zugeschrieben werden, ist zumindest in einigen Gesellschaften im kulturellen Bewusstsein verankert. Putin hat demnach die Autoritätshörigkeit, religiöse Grundsätze, »traditionelle Werte« und die Vorstellung von einer »kulturellen Souveränität«, welche sein Regime populär machen, nicht erfunden, er hat diese Haltungen lediglich an die Oberfläche gebracht.[32] Die autoritäre Ordnung wurzelt nach dieser Lesart in patriarchalischen Rollenmodel-

30 Ulrich Schmid, *Technologien der Seele. Vom Verfertigen der Wahrheit in der russischen Gegenwartskultur*, Berlin 2015.

31 Richard Sakwa, *Putin. Russia's Choice*, London 2004.

32 Vladislav Inozemtsev, »The Kremlin Emboldened: Why Putinism Erose«, in: *Journal of Democracy* 4 (2017), S. 80-85, S. 82.

len.[33] Nachfahren des Homo sovieticus bevölkern die Russische Föderation.[34]

Allerdings kann diese zum Kulturdeterminismus neigende Interpretation nicht erklären, weshalb die Zustimmungsraten zu Putin stark schwanken. Die Behauptung einer kulturellen DNA für autoritären Massenzuspruch ist nicht haltbar. Im Falle Russlands wird sie weder durch den World Value Survey noch durch andere Umfragen gedeckt. Eine große Mehrheit der Menschen will keinen Diktator auf Lebenszeit, sondern einen abwählbaren Präsidenten.[35]

Vor dem Hintergrund abnehmender Ressourcen für die Loyalitätsbeschaffung nehmen die Konflikte zwischen den Regimegünstlingen zu. Nachdem die Einkommensverteilung laut Gini-Index im postsowjetischen Russland die Reichen zunächst überdurchschnittlich begünstigte (zwei Drittel des Einkommens ist im Besitz von einem Prozent der Bevölkerung), zielten Transferleistungen seit der Finanzkrise von 2008 stärker auf sozialen Ausgleich. Besonders Rentner haben davon profitiert.[36] Der Kreml kann nicht mehr gleichzeitig For-

33 H. Bahadir Türk, »A Glance at the Constitutive Elements of the Leadership-centered Perspective in Turkish Politics«, in: *Turkish Studies* 4 (2017), S. 601-623.

34 Lev Gudkov, »Fatale Kontinuitäten. Vom sowjetischen Totalitarismus zu Putins Autoritarismus«, in: *Osteuropa* 5-6/2013, S. 283-296.

35 Hans-Henning Schröder, »Ein Land wie jedes andere in Europa. Russland und Deutschland im Wertevergleich«, in: *Osteuropa* 6-8/2012, S. 101-124; Henry Hale, »The Myth of Mass Russian Support for Autocracy: The Public Opinion Foundations of a Hybrid Regime«, in: *Europe-Asia Studies* 8 (2011), S. 1357-1375.

36 Daria Popova, Mikhail Matytsin, Emily Sinnot, »Distributional

bes-Milliardäre protegieren und sich die Loyalität der Wähler in von staatlichen Transferzahlungen abhängigen Regionen sichern.[37]

Trotz autoritärer Regression ist der Abgesang auf das Abendland und die Rede von konsolidierten Autokratien deplatziert. Personalistische Regime haben eine Schwäche: Die Loyalität regimetreuer Wähler und der Günstlinge in Wirtschaft und Staatsapparat droht zu erodieren, wenn die privilegierte Nutzung staatlicher oder administrativer Ressourcen nicht mehr wie bisher gewährleistet werden kann. Die Bindung an den autoritären Führer kompensiert nicht die Wirkung des Portemonnaies. Als die russische Regierung im Sommer 2018 eine Erhöhung des Rentenalters ankündigte, brach bei Umfragen die Zustimmung zu Putin um 17 Prozent ein.[38] In autoritär regierten Staaten birgt das Spannungsverhältnis zwischen der Privilegierung von regimenahen Oligarchen, der »Familie«, auf der einen und der Orientierung an regimestützenden sozialen Klientelgruppen auf der anderen Seite das größte Krisenpotential, weil die Privilegierung einer kleinen Gewinnerkoalition das Regime in den Augen der Sozialklientel delegitimiert. Aus all dem folgt: Es gibt Gründe anzunehmen,

impact of taxes and social transfers in Russia over the downturn«, in: *Journal of European Social Policy* 5 (2018), S. 535-548.

37 Zur regionalen Verteilung der Stimmen für Putin bei den Präsidentschaftswahlen 2011 und den Dumawahlen 2012, welche die These vom abhängigen Pro-Putin-Wähler stützt: https://welections.wordpress.com/category/fake-elections/.

38 »Putins Umfragewerte brechen ein«, in: *Der Spiegel* (28.07.2018), ⟨www.spiegel.de/wirtschaft/soziales/russland-rentenplaene-druecken-Vladimir-putins-umfragewerte-a-1220644.html⟩.

dass die politischen Regime unter Präsident Putin und Präsident Lukaschenka ihren Zenit überschritten haben. Der Krieg gegen die Ukraine kann so als Endspiel eines Regimes gedeutet werden, das sich mit Gewalt an eine Retrozukunft klammert. Auf die Herausforderungen einer modernen Ökonomie jenseits des Petro-Staates haben die zwei Jahrzehnte Herrschaft unter Präsident Putin keine überzeugende Antwort gefunden. Die Attraktivität des »Modells Putin« – auch als Projektionsfläche für enttäuschte EU-Bürger – dürfte tendenziell abnehmen.

Signale gegenüber Russland

Die Frage, ob Russland sich langfristig wieder an Europa orientiert, hängt auch von den Signalen ab, die von Europa ausgehen. Russland könnte nach der Ära Putin und einem Elitenwechsel in zehn bis fünfzehn Jahren – jenseits von Putin – durchaus ein Abkommen mit der EU abschließen, das die Kooperation wiederbelebt. Nach 1989 wurde die liberale Demokratie in ihrer Anziehungskraft und Selbstevidenz überschätzt, doch sollte sie auch nicht unterschätzt werden. Nicht erst durch die Enthüllungen von Korruption und Amtsmissbrauch durch Alexej Nawalny, sondern insbesondere durch die Corona-Pandemie ist das Missverhältnis zwischen Anspruch und Realität autoritärer Regierungsführung offenbar geworden. Die Bevölkerung Russlands ist für die Demokratie nicht dauerhaft verloren. Das miserable Krisenmanagement, die schlechte Gesundheitsversorgung, Korruption, fehlende Rechtssicherheit und die Toten und Verletzten des Ukrainekrieges lassen sich nicht durch Hurra-Patriotismus, Staatsvergottung und den Götzendienst gegenüber Putin verdrängen. Eine Studie der Russischen Akademie für Volkswirtschaft und Öffentlichen Dienst schätzte im Jahre 2018, dass jedes Jahr 100 000 Menschen Russland verlassen, darunter besonders viele Akademiker. Zwischen zehn bis zwanzig Prozent geben nach verschiedenen Umfragen wiederholt an, mit dem Gedanken an Emigration zu spielen. Nach einer Umfrage des offiziellen Meinungsforschungsinstituts WZIOM denkt jeder Dritte unter den 18- bis 24-Jährigen an Emigration, wobei Deutschland das bevorzugte Zielland ist.[39] Kurzum, der Homo sovieticus ist ein tendenziell aussterbender Typ.

Russlands politische Elite sieht das Land nicht als »normalen« Nationalstaat, sondern als Großmacht mit selbst gewählten Einflusssphären. Der reklamierte Status Russlands hängt freilich von internationaler Anerkennung ab. Eine Rückkehr zum Konzert der Mächte des 19. Jahrhunderts, wie von Teilen der Elite Russlands gewünscht, ist im 21. Jahrhundert ausgeschlossen. »Auf Augenhöhe« kann es mit Russland nur eine Annäherung geben, wenn Russlands Elite das imperiale Selbstbild überwindet und sich als ebenbürtiger Partner anderer Nationalstaaten ohne Sondervollmachten begreifen lernt. Andernfalls werden Ansprüche an Suprematie, Vetomacht und Einflusszonen nur Abwehr und Selbst-

39 Oliver Bilger, »Abschied von Putins Russland«, in: *Der Tagesspiegel* (23.08.2018), ⟨https://www.tagesspiegel.de/politik/auswanderung-abschied-von-putins-russland/22929396.html⟩.

schutzinstinkte bei seinen Nachbarn hervorrufen, also Russland weiter isolieren und von der Vision eines »gemeinsamen europäisches Hauses« fernhalten.

Eine Verständigung mit Russland über elementare Regeln in der Außen- und Sicherheitspolitik, vor allem zur Konfliktprävention, zur Frühwarnung und zur Krisenreaktion, wird nur möglich sein, wenn die Prinzipien der OSZE-Charta von Paris beachtet werden. Welche Signale Putins Regime überhaupt noch verarbeitet, ist aufgrund von dessen Abgeschlossenheit, Risikobereitschaft, Zynismus und erratischem Entscheidungsverhalten schwer abzuschätzen. Geschlossenes Vorgehen, personenbezogene Sanktionen, Finanzsanktionen und Handelsbeschränkungen, die Abwehr von Cyber-Attacken und »hybrider Kriegsführung«, die Unterstützung von Menschenrechtlern und die Förderung alternativer Medienpolitik signalisieren gegenüber Russland, dass die Europäische Union sich als Wertegemeinschaft nicht aufgibt. Die EU und Deutschland werden von der gegenwärtigen russischen Führung nur auf der Grundlage von Prinzipienfestigkeit, Bündnistreue, der Fähigkeit zur Begrenzung aggressiven Verhaltens und konsistentem Vorgehen ernst genommen.

Osteuropa – eine Bruchstelle der EU?

Die Frage, ob Osteuropa anders ist, unterstellt die Existenz eines tertium comparationis. Hat Europa einen Kern, zu dem der Osten in Beziehung steht? Europa ist eine Diskursgemeinschaft, die sich auf die Verarbeitung von historischen Erfahrungen stützt und auf Werte Bezug nimmt. Einige davon sind kanonisiert, andere sogar institutionalisiert. Europa ist nicht exklusiv in seinem Selbstverständnis und es wandelt sich, aber in der Kombination seiner Charakteristika ist es einzigartig. Zum Kern von Europa gehört der Konstitutionalismus, d. h. die Begrenzung staatlicher Macht, die Herrschaft des Rechtes, die Europäische Konvention für Menschenrechte und die Gültigkeit der Pariser Charta der OSZE von 1990. In all diesen Hinsichten gab es Anfang der 1990er Jahre die Erwartung eines »gemeinsamen europäischen Hauses« und seit der Jahrtausendwende eine wachsende Enttäuschung über die Erosion gemeinsamer Besitzstände.

Die EU ist die einzige supranationale Antwort auf die Globalisierung, die bisher gefunden wurde, d. h. der einzige verbindliche politische Rahmen, der gegenüber den globalen wirtschaftlichen Kräften und Akteuren eine politische Suprematie jenseits nationalstaatlicher Regelungen behaupten kann. Die EU war und bleibt Antipode zu Nationalismus und Protektionismus. Europa kennzeichnet auch die durch die Arbeiterbewegung seit dem 19. Jahrhundert bewirkte Zähmung des Kapitalismus durch soziale Marktwirtschaft. Europa eint ein Bewusstsein für die Folgen des Kolonialismus. Europa versteht sich als Hafen für politische Gemeinwesen, die sich von ihrer totalitären Vergangenheit verabschieden wollen – das gilt nicht nur für Deutschland, sondern auch für Griechenland, Spanien und Portugal und natürlich für die postsozialistischen Staaten. Europa zeichnet die Erfahrung der beiden Weltkriege und die Überwindung des Gegensatzes von Sozialismus und Kapitalismus nach 1989 aus.

Die EU agiert im Namen von Demokratie und Rechtsstaatlichkeit, aber sie selbst leidet unter einem Repräsentationsdefizit, einem Mandatsdefizit, einem Demokratiedefizit und einem Mangel an Subsidiarität. Die exekutiven Eliten der EU konnten lange ohne Widerspruch regieren, solange dies billigend hingenommen und nicht politisiert wurde, d.h. die EU sich primär über Ergebnisse legitimierte (Output-Legitimation), nicht über demokratischen Input. Die EU musste in eine fundamentale Krise geraten, als sie immer mehr Letztentscheidungsmacht für sich reklamierte, aber den Demos zu fürchten begann, und sie erwies sich mitnichten als Solidargemeinschaft, als vor allem Griechenland finanziell und sozial in extreme Not geriet.

Die politische Rhetorik beruft sich auf Europa, aber in wessen Namen spricht die EU: im Namen ihrer Regierungen, ihrer Wähler, ihrer Staatsvölker, einer (qualifizierten) Mehrheit, von geschützten Minderheiten, einem organischen Ganzen oder von Richtern, die das Recht auslegen? Europarecht genießt Vorrang vor nationalem Recht, heißt es, freilich mit zahlreichen Vorbehalten, denn woher bezieht die EU ihre demokratische oder konstitutionelle Legitimation? Welche maximalen oder minimalen Kriterien man auf die EU auch anwendet, das Demokratiedefizit ist der EU wesenseigen: Keiner der Regierenden hat sein Mandat durch die Regierten erhalten, sondern durch informelle intergouvernementale Absprachen.

Die Krise der EU begann mit dem Scheitern der Verfassungsreferenden, dem französischen und niederländischen Nein von 2005 zur EU-Verfassung. Seither wollten die politischen Eliten die Wahlvölker lieber nicht mehr fragen. Doch die Angst vor dem Demos wurde der EU zum Verhängnis. Angesichts der massenhaften Einwanderung von Migranten im Jahre 2015 erklärten zahlreiche europäische Demoi: Nicht die EU konstituiert uns, wir konstituieren uns selbst, alle Macht geht vom »Volk« aus (wie auch immer es verfasst sein mag), der Erwerb politischer Macht findet nationalstaatlich statt, die EU ist mitnichten der Souverän. Die Konstitutionalisierung der EU scheitert bisher an zwei Defekten, nämlich daran, dass der Demos, das ideelle Subjekt der Demokratie, national verfasst ist, d.h. es keinen europäischen Demos gibt und auch nur begrenzt geben kann, und, daraus folgend, dass die »checks und balances« nationalstaatlicher Demokratie, d.h. die Eingrenzung exekutiver Macht, auf EU-Ebene defekt sind.

Die EU geriet in eine Legitimationskrise, weil sie ihren proklamierten Grundsätzen nicht entsprach. Die Preisgabe des Grundsatzes, dass die EU so weit legitim ist, wie sie durch die nationalen Verfassungsordnungen demokratisch legitimiert ist, musste sich rächen, sie bot den Gegnern im Innern und den EU-feindlichen Regimen eine Angriffsfläche. Die Legitimationskrise der EU ist hausgemacht, und sie wird von euroskeptischen bis EU-feindlichen Politikern genutzt, um ihr zu schaden. Das Zerstörungswerk, das von Russland ausgeht, und die Bedrohung der europäischen Sicherheit vereinen Ost und West und lassen innere Spaltungen vorerst zurücktreten. Europas Einheit wird jedoch weder durch

Abgrenzung von Russland noch von den USA konstituiert. Die EU kann ihre normative »Lufthoheit« nur wiedergewinnen, wenn sie die Kluft zwischen ihrem Selbstbild und ihrem tatsächlichen Handeln schließt.

Geschichtsschreibung und Erinnerungspolitik

Die Reden Vladimir Putins vom 21. und 24. Februar 2022 und der auf sie folgende Angriff Russlands auf die Ukraine bestätigten, was sich zuvor als Möglichkeit abgezeichnet, in der breiteren Öffentlichkeit aber kaum Beachtung gefunden hatte: ein Angriffskrieg Russlands auf die Ukraine aus dem Geist des historischen Revisionismus.[1] Bereits am 12. Juli 2021 hatte er einen Text über die vermeintliche historische Einheit von Russen und Ukrainern veröffentlicht. Darin räumt Russlands Präsident der Geschichte eine höhere Bestimmungskraft über Grenzen und Zugehörigkeiten von Menschen zu Staaten und Nationen ein als dem Recht. Der Ukraine gesteht er eine eigene Sprache und kulturelle Traditionen zu, jedoch allein als Teil einer sogenannten großen russischen Nation. Ansätze zu einer Entwicklung ukrainischer Staatlichkeit erscheinen in diesem Text, wenn überhaupt, dann als Machenschaften auswärtiger Mächte, die Russland nicht freundlich gesonnen waren: der Adelsrepublik Polen-Litauen, dem Habsburgerreich, dem deutschen Kaiserreich im Ersten Weltkrieg und dem nationalsozialistischen Deutschland. In der

1 Unmittelbar gewarnt hat Martin Schulze Wessel wenige Tage, nachdem der Text Vladimir Putins über die Einheit von Russen und Ukrainern erschienen war: https://libmod.de/putins-bedrohliche-alternative-geschichtsschreibung-schulze-wessel/.

Gegenwart sieht Putin die Ukraine als ein Anti-Russland, das der Westen geschaffen habe. Dieser vermeintlichen Entführung der Ukraine stellt er seine Lesart ukrainischer Geschichte entgegen, die größtenteils aus dem russischen Nationalismus des 19. Jahrhunderts stammt.

Demzufolge sei das mittelalterliche Reich von Kiew die gemeinsame Wiege von Russen und Ukrainern gewesen. Folgerichtig habe der ukrainische Kosakenhetman Bohdan Chmelnyckyj in der Mitte des 17. Jahrhunderts den Schutz des Moskauer Zaren Aleksej Michajlowitsch gesucht und im Abkommen von Perejaslaw 1654 gefunden. Die orthodoxe Religion habe über die Jahrhunderte Russen und Ukrainer verbunden. Als kleinere Brüder seien die Ukrainer stets Teil der großen russischen Nation gewesen. Die Grenzen der Ukraine von 1991 seien ganz wesentlich auf territoriale Geschenke der Moskauer Führung der Sowjetunion an die Ukraine zurückzuführen. Wer die Karte des ukrainischen Kosakenhetmanats im Zarenreich des 17./18. Jahrhunderts mit den Grenzen der Ukrainischen Sowjetrepublik und der Ukraine von 1991 vergleiche, so Putin, müsse erkennen, welche Geschenke die Ukraine von den kommunistischen Führern erhalten habe. Umgekehrt zeige dieser Kartenvergleich, wo die sowjetische Führung sich des Raubs russischer Territorien schuldig gemacht habe. In den Grenzen von 1991 sei die Ukraine nur dank Unterstützung des Westens, als Anti-Russland lebensfähig gewesen. Der Text vom 12. Juli 2021 schließt mit der Aussage, Russland respektiere den Wunsch der Ukrainer, in einem freien und sicheren Land zu leben. Von ukrainischer Souveränität ist hingegen nicht die Rede.[2]

In seiner Fernsehansprache am Abend des 21. Februar 2022 kritisierte Putin die Nationsbildungen und Staatsgründungen an den westlichen Rändern des einstigen Zarenreiches nach dem Ersten Weltkrieg.[3] Offen wie nie zuvor kam seine neoimperiale Lesart der Geschichte zum Ausdruck. Ohne dass er sie einzeln aufzählte, müssen sich Finnland, Estland, Lettland, Litauen, Belarus, die Ukraine und Georgien angesprochen fühlen. Die Ukraine erklärte Putin zu einer fixen Idee der Nationalitätenpolitik Lenins und sprach ihr damit jegliches Existenzrecht als Staat und Nation ab. Es war eine in die Form von Geschichtspropaganda gegossene faktische Kriegserklärung.[4] Zu dieser Propaganda gehört die Lüge vom angeblichen Genozid an Russen im Donbass – der erwartbare Angriff Russlands auf die Ukraine sollte als eine Reinszenierung des Zweiten Weltkriegs erscheinen. Putins Kriegsziele der Entmilitarisierung und vor allem Denazifizierung der Ukraine, die er am Tag des Überfalls am 24. Februar 2022 formulierte, stellen einen Missbrauch, eine Vergewaltigung der Geschichte dar. Mit Lüge und Propaganda wird ein An-

2 Vladimir Putin, *On the Historical Unity of Russians and Ukrainians*, http://en.kremlin.ru/events/president/news/66181 (zuletzt aufgerufen am 23. Mai 2022).

3 http://kremlin.ru/events/president/news/67828/videos (zuletzt aufgerufen am 13. März 2022).

4 http://en.kremlin.ru/events/president/news/67828 (zuletzt aufgerufen am 1. Mai 2022).

griffskrieg gerechtfertigt.[5] In russischen Ohren soll es so klingen, als käme die Armee Russlands abermals als Befreierin vom Faschismus wie die Rote Armee im Zweiten Weltkrieg. Im Unterschied zum Zweiten Weltkrieg ist die Ukraine 2022 jedoch nicht von Faschisten besetzt, sondern wird von einer demokratisch gewählten Regierung geführt, deren Präsident aus einer jüdischen Familie stammt.

Außenministerin Annalena Baerbock sprach am 24. Februar 2022 davon, dass wir »in einer anderen Welt aufgewacht« sind.[6] Bundeskanzler Olaf Scholz bezeichnete in seiner Regierungserklärung im Deutschen Bundestag am 27. Februar 2022 den Angriff Russlands auf die Ukraine als »Zeitenwende«.[7] Das politische Berlin ist seitdem damit befasst, sich selbst begreifbar zu machen, welche Konsequenzen im Einzelnen aus der Rede von der Zeitenwende zu ziehen sind. Auch für die osteuropäische Geschichte stellt der Krieg Russlands gegen die Ukraine einen tiefen Einschnitt dar, der viele Fragen aufwirft. Sie betreffen die Wissenschaftskooperation mit der Ukraine, Russland und Belarus und die Frage nach dem Ausmaß russischer Zerstörungen ukrainischer Archive und Bibliotheken sowie die Zugänglichkeit zu Archiven in Russland und Belarus. Zuverläs-

5 http://en.kremlin.ru/events/president/news/67843 (zuletzt aufgerufen am 1. Mai 2022)

6 https://www.deutschlandfunk.de/annalena-baerbock-in-anderer-welt-aufgewacht-und-lage-in-berlin-dlf-a0298aaa-100.html (zuletzt aufgerufen am 4. Juni 2022).

7 https://www.bundesregierung.de/breg-de/suche/regierungserklaerung-von-bundeskanzler-olaf-scholz-am-27-februar-2022-2008356 (zuletzt aufgerufen am 4. Juni 2022).

sige Antworten auf diese Fragen wird es wohl erst in einer Nachkriegsordnung geben können. Dass prominente Stimmen hierzulande vor allem auf Verhandlungen mit Russland drängen, während sie die Ukraine kaum wahrzunehmen scheinen, wirft die Frage auf, aus welchen Quellen sich die Russland- und Ukrainebilder der Öffentlichkeit in Deutschland speisen. Sie führen auch zu der Frage, welche Rolle das Fach Osteuropäische Geschichte dabei spielt. Ist es immer noch von einem überhängenden Russozentrismus geprägt? Hat die Osteuropäische Geschichte es versäumt, die Ukraine und ihre Geschichte als Subjekt und eigenständigen wissenschaftlichen Gegenstand zu etablieren und dieses Wissen in das öffentliche Gespräch einzubringen?

Bereits unmittelbar nach der Annexion der Krim und dem Beginn des unerklärten Kriegs im Donbasss hatte Anna Veronika Wendland 2014 diese kritischen Fragen an das Fach Osteuropäische Geschichte in Deutschland gerichtet.[8] Sie laufen auf den Vorwurf hinaus, dass His-

8 Anna Veronika Wendland: Hilflos im Dunkeln. »Experten« in der Ukraine-Krise: eine Polemik; in: *Osteuropa* 9-10/2014, S. 13-33. Dazu Martin Aust: Nicht wie im Leben des Brian. Replik auf Anna Veronika Wendlands Kritik, in: *Osteuropa* 1-2/2015, S. 193-201, die ich heute anders fassen würde. Die Ukraineforschung braucht eine eigene Sichtbarkeit in Form einer Institutionalisierung. Unter der Flagge der transnationalen Geschichte segelt sie weitgehend unbemerkt. Geschichtswissenschaftlich hat die transnationale Perspektive sich durchgesetzt und plausible Forschungsergebnisse geliefert. Bei ihrer Vermittlung in die Öffentlichkeit darf jedoch nicht der Eindruck entstehen, damit ließe sich die Ukraine als Nation delegitimieren. Dem nationalen Wahrnehmungsfilter der Öffentlichkeit muss die Geschichtswissenschaft bei der Vermittlung ihrer Ergebnisse Rechnung tragen.

toriker in ihrer russozentrischen Optik einem Denken Vorschub geleistet haben, das die Ukraine nicht als Subjekt aus eigenem Recht betrachtet. Wer zur Geschichte der Ukraine in Deutschland forschte, betrachtete sie selten als Ort von Geschichte, sondern als Raum von Beziehungen vor allem zu Polen und Russland. Unterschwellig – so Wendland – verfestigte dies ein Denken, das die Ukraine primär im Austausch mit anderen Gesellschaften, nicht jedoch aus eigenem Recht betrachtete. So konnte in der Öffentlichkeit der Eindruck entstehen, dass die nationale Geschichte der Ukraine eine höchst umstrittene Geschichte sei, in der Russen durchaus ein Wort mitzureden hätten.

Der abermalige Angriff Russlands auf die Ukraine 2022 ist Anlass genug, diese Kritik von 2014 aufzugreifen und zu fragen: Was hat die Osteuropäische Geschichte seit 1989/91 bewegt, was waren ihre Themen, in welchen institutionellen Strukturen hat sie gearbeitet und wie kann ihr offenkundig unzureichender Einfluss auf das öffentlich-politische Gespräch in Deutschland über das östliche Europa gefasst werden? Was folgt daraus für ihre Zukunft? Die Osteuropäische Geschichte hat viele Trends der 1990er Jahre mitgeprägt. Dazu zählen die Entwicklung transnationaler Perspektiven in der Geschichtsschreibung und die Reetablierung von Imperien als wissenschaftlichem Untersuchungsgegenstand. Hat dieser Zug ins Transnationale und Globale mit dazu beigetragen, die Ukraine als historisches Subjekt zu marginalisieren?

Die Verheißung der transnationalen Geschichte Europas in den 1990er Jahren

Im Unterschied zur national gerahmten Geschichtsschreibung Deutschlands war der osteuropäischen Geschichte die transnationale Betrachtung der Vergangenheit früh ausgesprochen vertraut. Gabriele Scheidegger brachte die Begegnungen zwischen Europäern und Russen im 16. und 17. Jahrhundert auf die prägnante Formel der jeweiligen Fremdzuschreibung: »Perverses Abendland, barbarisches Russland«.[9] Klaus Zernack untersuchte in seinem Buch *Polen und Russland. Zwei Wege in der europäischen Geschichte* die Beziehungsgeschichte zwischen beiden Ländern.[10] Ebenfalls 1994 erschien Andreas Kappelers *Kleine Geschichte der Ukraine*.[11] Er zeigte, dass sich die Geschichte der ukrainischen Nationsbildung ohne die Berücksichtigung ihres Verhältnisses zu Polen und Russland, ohne das Studium ihrer Zugehörigkeit zur Adelsrepublik Polen-Litauen, dem Zarenreich, dem Habsburgerreich und der Sowjetunion nicht verstehen lässt. Die Wahlverwandtschaft zwischen der osteuropäischen Geschichte und der transnationalen Geschichte war augenfällig. Getragen von der Euphorie der frühen 1990er Jahre, machten sich auch die Historiker daran, den Graben des Ost-West-

9 Gabriele Scheidegger, *Perverses Abendland, barbarisches Russland. Begegnungen des 16. und 17. Jahrhunderts im Schatten kultureller Missverständnisse*, Zürich 1993.

10 Klaus Zernack, *Polen und Russland. Zwei Wege in der europäischen Geschichte*, Berlin 1994.

11 Andreas Kappeler, *Kleine Geschichte der Ukraine*, München 1994.

Gegensatzes zu überwinden. Die Zeiten des Kalten Krieges, als vor allem auf die Unterschiede zwischen Ost und West abgehoben wurde und die angebliche Rückständigkeit das Bild vom Osten beherrschte, waren vorbei. Eine Geschichte des östlichen Europas würde in internationale Zusammenhänge eintreten und sich nicht nur thematisch, sondern auch institutionell neu definieren müssen.

Wer damals, in den 1990er Jahren, Osteuropäische Geschichte studierte, erlebte eine Vielzahl von Aufbrüchen: Unter dem Schirm des »cultural turn« fanden in der Geschichtswissenschaft linguistische, visuelle und räumliche Paradigmenwechsel statt.[12] Die Kulturtransferforschung sensibilisierte für die beziehungsgeschichtlichen Komponenten der Nationsbildung. Transnationale und globale Perspektiven wurden in den Blick genommen. Während sich in der alten Bundesrepublik Deutschland Hans-Ulrich Wehler und Thomas Nipperdey darüber auseinandersetzten, ob aus dem Deutschen Kaiserreich ein vorgezeichneter Weg in den Nationalsozialismus führte, die Geschichte des Kaiserreichs mithin nach ihrer Positionierung in der nationalen, deutschen Geschichte befragten, verortete eine neue Generation von Historikerinnen und Historikern das Kaiserreich in der Welt der internationalen Beziehungen und Handelsströme.[13] Die politisch-intellektuelle Begeisterung der 1990er Jahre für das Post- und Supranatio-

12 Ute Daniel, *Kompendium Kulturgeschichte. Theorien, Praxis, Schlüsselwörter*, Frankfurt am Main 2001.

13 Sebastian Conrad, Jürgen Osterhammel, *Das Kaiserreich transnational. Deutschland in der Welt 1871-1914*, Göttingen 2004.

nale korrespondierte mit einer Geschichtsschreibung, die die Zunahme des Internationalismus, das Wachstum internationaler Organisationen und NGOs seit dem letzten Drittel des 19. Jahrhunderts nachzeichnete. Man schrieb »World history in a global age«.[14]

Die postkoloniale Lesart der Geschichte öffnete auch der osteuropäischen Geschichte neue Perspektiven. Auf den Spuren Edward Saids ließ sich »Osteuropa« als Konstrukt lesen, das dem Orientbegriff strukturell ähnlich war; hier wie dort liegt die Idee des bestimmenden Anderen zugrunde.[15] Die westeuropäische Fortschrittsgeschichte von Demokratie, Rechtsstaatlichkeit und Kapitalismus entfaltete sich vor dem vermeintlichen Hintergrund der Anarchie in Polen, der unbeschränkten Despotie in Russland und der allgemeinen ökonomischen Rückständigkeit umso eindrucksvoller. Diese Vorstellungen wurden zusammen mit dem Eurozentrismus aus dem Repertoire der Geschichtsschreibung aussortiert. Der Vorsatz, sich von vorgängigen Zeit- und Raumbildern zu emanzipieren, konnte im Zeichen der Archivrevolution der 1990er Jahre umso leichter beherzigt werden. Die Öffnung der Archive in allen Ländern des östlichen Europas ermöglichte es Historikern, die Quellen aufzusuchen und Geschichten aus dem östlichen Europa in neuer Anschaulichkeit zum Sprechen zu bringen. Vor der Öffnung der Archive war die Geschichtsschreibung auf edierte Quelleneditionen angewiesen. Welche Quellen herausgegeben wur-

14 Michael Geyer, Charles Bright, World History in a Global Age, in: *American Historical Review* 4 (1995), S. 1034-1060.

15 Karl Kaser, *Europa und die Grenzen im Kopf*, Klagenfurt 2003.

den, unterlag der Entscheidungsmacht eines politisch gesteuerten und zensierten Wissenschaftssystems im Kommunismus. Nach 1991 ließen sich in eigener Regie die Archive konsultieren, die Antworten auf die Forschungsfragen versprachen. Regionale Archive erlaubten einen Blick auf Geschichten jenseits der politischen Zentren und urbanen Metropolen. Oral-History-Projekte ermöglichten es, den Erinnerungen der Menschen an die Zeitgeschichte eine Stimme zu geben.

In diesem Zusammenhang ist es unverzichtbar, der Historiographie des östlichen Europa in der alten Bundesrepublik und der DDR Gerechtigkeit widerfahren zu lassen. In der DDR profitierte die Geschichtswissenschaft von der vielfältigen Kompetenz der Slawistik und erreichte dabei eine sprachliche Breite, die der osteuropäischen Geschichte heute schmerzlich fehlt, die aber für eine transnationale Geschichte im Grunde Voraussetzung ist. Die Slawistik in der DDR umfasste die gesamten Familien der ost-, west- und südslawischen Sprachen. Osteuropäische Geschichte und Slawistik arbeiteten in enger Nachbarschaft. Heutzutage steht die Osteuropäische Geschichte an einigen Universitäten in Deutschland ohne die Slawistik allein auf weiter Flur. Die Osteuropahistoriker in der alten Bundesrepublik wiederum waren nicht a priori entschlossen, eine Defizitgeschichte Osteuropas im Vergleich zu Renaissance, Humanismus, Aufklärung, Rechtsstaatlichkeit, Demokratie und Kapitalismus im Westen zu schreiben. Sie setzten sich in erster Linie mit der sowjetischen Historiographie auseinander. Diese wiederum war in das Korsett einer marxistischen Epochenabfolge von Feudalismus, Kapitalismus und Sozialismus gespannt, die bisweilen zu abenteuerlichen Interpretationen führte.[16] So datierte der Feudalismus in Russland bis zur Bauernbefreiung 1861. Der Kapitalismus, der mit diesem Großereignis in die russische Geschichte eintrat, dauerte dann jedoch lediglich bis zur Großen Oktoberrevolution von 1917, die den Sozialismus nach Russland brachte. Das macht summa summarum ganze 56 Jahre Kapitalismus in der Geschichte Russlands – eine verblüffend kurze Zeitspanne für eine Geschichtsauffassung wie den Marxismus, der in langen Phasen sozioökonomischer Strukturentwicklungen denkt. Die Historiker in der Bundesrepublik waren vielfach damit beschäftigt, gegenüber dieser universalistisch-marxistischen Interpretation die Eigenheiten der Geschichte Russlands zu betonen. Das Vokabular für diese Eigenheit war jedoch nicht sonderlich ausgereift, so dass seine Beschreibung stets Gefahr lief, in eine Defizitgeschichte Osteuropas im westlichen Spiegel zu kippen.

Es hat aber auch alternative Versuche gegeben, die früh eine Verknüpfung osteuropäischer und internationaler Geschichte vorgenommen haben. Der hannoversche Historiker Hans-Heinrich Nolte hat seit den 1980er Jahren seinen Arbeiten zur Geschichte Russlands konsequent Immanuel Wallersteins Weltsystemtheorie zugrunde gelegt.[17] Wallersteins Welt ist eine seit ca. 1500 ökonomisch verflochtene Welt, in der das Gesetz der Arbeitsteilung gilt. Zentrale Regionen leisten

16 Stefan Plaggenborg, *Experiment Moderne. Der sowjetische Weg*, Frankfurt am Main 2006.

17 Hans-Heinrich Nolte, *Geschichte Russlands*, Stuttgart 2012.

technologisch anspruchsvolle Produktionsleistungen. Periphere Regionen unterliegen der Ausbeutung und dienen in diesem System als Rohstofflieferanten. Sogenannte halbperiphere Regionen versuchen dem Status des Rohstofflieferanten zu entkommen. Mit Programmen nachholender Entwicklung suchen sie Anschluss an die ökonomisch-technologischen Standards der Zentrumsgesellschaften. Als ein solches halbperipheres Land begegnet Russland in allen Arbeiten Hans-Heinrich Noltes. So gelang es Nolte, Russlands Ökonomie nicht aus einer angenommenen endogenen Rückständigkeit, sondern aus ihrer internationalen Einbettung heraus zu erklären. Der Preis für diesen Erklärungsansatz ist jedoch eine Bevorzugung struktureller Kategorien, die kaum Raum lassen für die neuen Interessen der Geschichtsschreibung der 1990er, frühen 2000er Jahre: Akteure, Handlungsmacht und Handlungsspielräume. So fiel Noltes weltsystemische Lesart der Geschichte Russlands durch das Aufmerksamkeitsraster der neuen transnationalen und Globalgeschichte.

Die Kategorie der Nation verschwand nicht aus dem Handwerkskasten der Historiographie, sie erhielt einen neuen Status: Sie war nun kein Container mehr, kein abgeschlossener Rahmen gesellschaftlicher und politischer Entwicklung, sondern ein Puzzleteil in einem großen Bild relationaler Geschichten.[18] Das Bild einer Nation ergab sich erst aus der Zusammenfügung mehrerer Puzzleteile. Die Nationsbildungen etwa der Polen, Litauer, Belarusen, Ukrainer und Russen sind in der Ge-

18 Margrit Pernau, *Transnationale Geschichte*, Göttingen 2011.

schichte der Neuzeit auf das Engste verschränkt. Abgrenzungen zwischen katholischen Polen und orthodoxen Russen, Konkurrenzen um Städte wie die litauische Hauptstadt Vilnius, die zwischen den beiden Weltkriegen als Wilno zur polnischen Zweiten Republik gehörte, zwischen Polen und Ukrainern um das habsburgische Lemberg, zwischen Ukrainern und Russen um Kiew im 19. Jahrhundert, das Projekt einer sogenannten großen russischen Nation unter Einschluss der Ukrainer und Belarussen aus dem 19. Jahrhundert, die Teilungen Polen-Litauens im späten 18. Jahrhundert und die daraus resultierende polnische Frage als Problem europäischer Politik im 19. Jahrhundert – all diese Themen zeigen in größter Deutlichkeit, wie sich die Entstehung von Nationen und ihr Anspruch auf Staatlichkeit nicht in einem eng gefassten nationalgeschichtlichen Rahmen, sondern allein im Blick auf Vorgänge zwischen den Nationen begreifen lassen.

Das Gleiche gilt für die Geschichte der Imperien, die in der Geschichtsschreibung der zurückliegenden dreißig Jahre eine völlig neue Aufmerksamkeit erfahren haben.[19] Die Untertanen im Vielvölkerreich Russland gehörten fast allen großen Religionen an: den christlichen Konfessionen, dem Islam, dem jüdischen Glauben und dem Buddhismus. Die ethnographische Landkarte des Zarenreiches zählte mehr als hundert Ethnien. Viele Nationsbildungen, zumal an den Rändern des Zarenreiches, waren grenzüberschreitende und darüber mit

19 Jane Burbank, Frederick Cooper, *Empires in World History. Power and the Politics of Difference,* Princeton 2010.

der internationalen Politik verknüpft. Das gilt für Polen und Ukrainer im Zarenreich und Habsburgerreich genauso wie für Armenier im Osmanischen Reich und in Russland. Die internationale Geschichte der Imperien beschränkt sich somit nicht auf althergebrachte Themen der Außenpolitik wie Expansion, Krieg und Frieden. Sie fragt nach Verknüpfungen zwischen der Administration von Vielfalt im Inneren der Reiche und internationaler Politik. Die Methoden, der Vielfalt innerhalb von Imperien zu begegnen, reichten von partieller Integration über Toleranz bis zu Unterwerfung, Unterdrückung und Gewalt.

Die Imperiengeschichte hat stark zur neuen, transnationalen osteuropäischen Geschichte beigetragen. Der Geschichtsschreibung der 1980er Jahre galt die Nation als Gipfelpunkt von Fortschritt und Modernisierung im 19. Jahrhundert. Imperien betrachtete sie als überlebte Relikte der Vormoderne. Forschungen zum Zarenreich und zum Habsburgerreich der letzten Jahrzehnte haben ihren Anteil an einer imperialen Wende der Geschichtsschreibung. Die Geschichtsschreibung ist nicht mehr auf den spektakulären Topos von Aufstieg und Fall der Imperien fokussiert, sondern fragt nach den Faktoren, die die Adaptionsfähigkeit von Imperien an den Wandel der Zeit ermöglichten. Dass im 19. Jahrhundert die überwiegende Mehrheit der Menschen auf der Welt in der einen oder anderen Form in einem der vielen Imperien lebte, ist heute unstrittig. Erst das 20. Jahrhundert begründete die Welt der Nationalstaaten. Die auf sechs Bände angelegte Weltgeschichte, die C.H. Beck und Harvard University Press gemeinsam publiziert haben, räumt in ihren Bänden zur Neuzeit ab 1750 den Imperien gar die Rolle ein, die moderne, globalisierte Welt hervorgebracht zu haben.[20]

Auch die Weltgeschichtsschreibung relativiert vormals in der Osteuropäischen Geschichte weitverbreitete Thesen von Defiziten und Sonderwegen: Allzu oft haben Russlandhistoriker die Industrialisierungsgeschichte Russlands als verspätete und unvollendete Geschichte von Rückständigkeit geschrieben, die allein Inseln von Industrie in Russland hervorgebracht habe.[21] Doch Russland ist größer als das Ruhrgebiet. Eine flächendeckende Industrialisierung des Zarenreiches von der Weichsel bis zum Pazifik, vom Nordpolarmeer bis zum Schwarzen Meer und dem Kaspischen Meer sowie den Wüsten Zentralasiens hätte einen dystopischen Industriemoloch hervorgebracht, dessen Erforschung wohl selbst die Kräfte der ansonsten höchst produktiven Umweltgeschichtsschreibung überforderte. Hier rückt die vergleichende Weltgeschichtsschreibung die Verhältnisse zurecht. Die Industrieproduktion Russlands um 1900 reicht nicht an die Kennziffern Großbritanniens, Deutschlands und der USA heran. Sie ist gleichwohl eindrucksvoll im Vergleich beispielsweise mit Spanien, dem Osmanischen Reich, Iran, Indien und China. Vergleichende und beziehungsgeschichtliche Ansätze haben

20 Sebastian Conrad, Jürgen Osterhammel, *Wege zur modernen Welt 1750-1870*, München 2016 (Geschichte der Welt, Bd. 4); Akira Iriye, Jürgen Osterhammel, Emily Rosenberg, *Weltmärkte und Weltkriege 1870-1945*, München 2018.

21 Manfred Hildermeier, *Geschichte Russlands. Vom Mittelalter bis zur Oktoberrevolution*, München 2016 (Geschichte der Welt, Bd. 5).

unseren Blick auf die Geschichte des östlichen Europas neu ausgerichtet. Aus der defizitären Hälfte Europas ist eine Großregion geworden, die ihren produktiven Platz in einer Geschichte Europas in der Welt gefunden hat.

Hinzu kommen die institutionellen Rahmenbedingungen internationaler Wissenschaftskooperation. In Warschau und Moskau gibt es Deutsche Historische Institute. Neben der bereits in den frühen 1970er Jahren gegründeten deutsch-polnischen Schulbuchkommission existieren mittlerweile eine ganze Reihe bilateraler Geschichtskommissionen, die Deutschland mit Belarus, der Ukraine und mit Russland verbinden. Für die Vernetzung amerikanischer und europäischer Geschichtsschreibungen haben die Central European University Budapest und die Europäische Universität in St. Petersburg Unschätzbares geleistet. Historiker und Historikerinnen aus Russland haben im Jahr 2000 die Zeitschrift *Ab Imperio* gegründet, die seitdem die regionalen und nationalen Geschichten auf dem Territorium des einstigen Russländischen Reiches vermisst und zu einem wichtigen Organ der internationalen Fachdiskussion geworden ist. Die Annual Conventions der Association for Slavic, East European and Eurasian Studies (ASEEES) sind ein globales Forum, auf dem sich Historiker des östlichen Europas aus den USA, Europa, Russland und Japan alljährlich in den USA treffen und austauschen.

Im Jahr 1998 forderte der Osteuropahistoriker Jörg Baberowski das Ende seines Fachs. Es gebe keine Notwendigkeit mehr, im Paradies der Geschichtswissenschaft einen eigenen Garten der Osteuropäischen Geschichte abzugrenzen, denn sie gehe längst in einer kulturgeschichtlichen, methodenpluralistischen Erweiterung der Geschichtswissenschaft auf.[22] Baberowskis Plädoyer für die Auflösung der Osteuropäischen Geschichte war letztlich ein universalistisches. In seiner Argumentation folgte die Einheit der Geschichtswissenschaft aus ihrem methodologischen Fortschritt. Wenn alle Historikerinnen Kulturgeschichte schrieben, müsste ein globales Gespräch über Geschichte entstehen, in dem regionale Verortungen in den Hintergrund treten.

Nun macht eine gemeinsame Methodologie die Kenntnis regionaler Quellensprachen und spezifische Ortskenntnisse nicht überflüssig. Darin lag schon damals ein starkes Argument gegen Baberowskis Plädoyer für das Ende der Osteuropäischen Geschichte. Im zurückliegenden Jahrzehnt haben gerade nationalistische geschichtspolitische Verwerfungen in den Ländern im östlichen Europa und ihre Reflexion in den Beziehungen Deutschlands zu ihnen darauf verwiesen, wie wichtig eine Regionalgeschichtsschreibung ist, die sich auf tiefe und mannigfaltige Sprachen- und Landeskenntnisse stützt.

22 Jörg Baberowski, Das Ende der Osteuropäischen Geschichte. Bemerkungen zur Lage einer geschichtswissenschaftlichen Disziplin, in: *Osteuropa* 8-9/1998, S. 784-799.

Nationale Erinnerungskulturen und antagonistische Geschichtspolitiken 2000-2021

Nach dem Fall des Kommunismus schien das postnationale Zeitalter anzubrechen. Die Zeichen der Zeit standen auf europäischer Integration. Das galt für Politik und Wirtschaft ebenso wie für die Geschichtsschreibung und Erinnerungskultur. Doch schon bald zeigte sich, dass der Umgang mit der Vergangenheit in Europa nicht in eine supranationale europäische Erinnerungskultur münden würde. Die geschichtspolitische Manifestation der europäischen Einigung schien zunächst die Globalisierung der Holocausterinnerung zu sein.[23] Auf einer Konferenz in Stockholm im Jahr 2000 bekannten sich die teilnehmenden Staaten dazu, das Gedenken an die Verfolgten und Opfer des Holocaust wachzuhalten und die Vernichtung der europäischen Juden im Zweiten Weltkrieg als Mahnung zu begreifen, dass ethnische Säuberungen und Genozide nie wieder zugelassen werden dürften. Es stellte sich jedoch rasch heraus, dass die Staaten Ostmitteleuropas, die in der zweiten Hälfte des 20. Jahrhunderts unter sowjetischer Hegemonie Mitglieder des Warschauer Paktes und teilweise auch der Sowjetunion gewesen waren, ihre Erinnerungen auf einen anderen Nenner brachten. Emblematische Bedeutung für ihre Erinnerung an sowjetische Repressionen besaß der Gulag.[24] In unmittelbarer Folge des Hitler-

23 Daniel Levy, Natan Sznaider, *Erinnerung im globalen Zeitalter: der Holocaust*, Frankfurt am Main 2001.

24 Stefan Troebst, 1945. Ein (gesamt-)europäischer Erinnerungsort?, in: *Osteuropa* 6/2008, S. 67-75.

Stalin-Paktes hatten Deutschland und die Sowjetunion 1939 Polen überfallen und unter sich aufgeteilt. Die polnische Elite fiel deutschem und sowjetischem Terror zum Opfer. Die Sowjetunion annektierte 1940 die Staaten Estland, Lettland und Litauen, die erst nach dem Ende der Sowjetunion 1991 wieder ihre eigene Geschichte schreiben konnten. Die Ukraine fand erst mit ihrer Unabhängigkeit 1991 die Rahmenbedingungen, um ihrer Millionen Hungertoten der Kollektivierung der Landwirtschaft 1932/33, des Holodomor, zu gedenken. Über der Abgrenzung von der Sowjetunion rückte in den Geschichtskulturen dieser Länder die partielle Kollaboration beim Holocaust in den Hintergrund. Bis heute verläuft durch die europäische Erinnerungslandschaft des Zweiten Weltkriegs ein Riss.

Der Riss trennte nicht allein verschiedene Narrative der Gewaltgeschichte im Allgemeinen und des Zweiten Weltkriegs im Besonderen. Es lassen sich auch verschiedene Modi Operandi von Erinnerungskultur in Europa beobachten. An die Stelle eines dialogischen ist ein antagonistisches Erinnern getreten. Das Modell dialogischen Erinnerns folgt aus der liberalen Überzeugung, kommunikatives Handeln in einem rationalen Diskurs könne Verständnis und gemeinsame Positionen, in diesem Fall eine geteilte Erinnerung, ein gemeinsames Geschichtsbild befördern. Die gegenwärtige Erinnerungskultur zumal des Zweiten Weltkriegs folgt in den Ländern im östlichen Europa einem konträren Ansatz.[25] Regierungen sowie konservative und populisti-

25 Martin Aust, *Erinnerungsverantwortung. Deutschlands Vernich-*

sche Parteien fordern von anderen ultimativ die Anerkennung ihrer Version der Geschichte. Das Sprechen über Geschichte vollzieht sich als Abfolge konfrontativer Forderungen und Gegenforderungen. In den sogenannten History Wars wurden Gesetzgebung und Rechtsprechung zu Instrumenten, die der eigenen Geschichtsdeutung Geltung verleihen sollen.[26] Dabei trat ein Paradox zutage. Gerade die Regierungen und Botschaften, die die Nationalgeschichte ihrer Länder als Emanzipation von sowjetischer Beherrschung verstanden wissen wollten, griffen bisweilen zu sowjetisch anmutenden Praktiken im Umgang mit der Vergangenheit. Anstatt das Gespräch über die Vergangenheit einer selbständigen Wissenschaft sowie einer freien Gesellschaft und Medienlandschaft zu überlassen, sollen Geschichtsgesetze und Verwaltungsdirektiven eine regierungsamtliche Version der Vergangenheit in Gestalt ultimativer historischer Wahrheit festschreiben. So drohen postsowjetische Geschichtskulturen in einen sowjetischen Modus zu fallen.

In Ungarn hat Viktor Orbán seinen Zugriff auf die Macht 2011 mit einer neuen Verfassung eingeleitet, die die historische Größe Ungarns, die Tradition der Stephanskrone und die Geltung der ungarischen Nation beschwört. Die Politik der Gebrüder Kaczyński an der Spitze der polnischen Partei Recht und Gerechtigkeit (PiS) ist von zwei geschichtlichen Prämissen geprägt.

tungskrieg und Besatzungsherrschaft im östlichen Europa 1939-1945, Bonn 2021.

26 Nikolay Koposov, *Memory Laws, Memory Wars. The Politics of the Past in Europe and Russia*, Cambridge 2017.

Zum einen sei die Revolution in Polen 1989 eine unvollendete gewesen, es gelte auch heute noch Abkömmlinge und Profiteure des alten Systems zu enttarnen und eine vollgültige Dekommunisierung Polens vorzunehmen. Zum anderen stehe die polnische Gegenwart in der Kontinuitätslinie einer Geschichte, in der sich die polnische Nation vor allem gegen ihre großen Nachbarn im Westen und Osten, Deutschland und Russland zu behaupten habe. Geschichte und Gegenwart Polens fließen im Selbstbehauptungskampf der polnischen Nation gegen innere und äußere Widersacher zusammen. In diese Weltsicht fügt sich die Ansicht von Jarosław Kaczyński, der Flugzeugabsturz seines Bruders Lech mit der polnischen Präsidentenmaschine bei Smolensk 2010 sei ein russischer Terroranschlag gewesen – eine Sicht, die nach Abschluss der internationalen Ermittlungen in das Reich der Verschwörungstheorie zu verweisen ist. In diesen Zusammenhang fällt auch das Holocaustgesetz Polens von 2018, in dessen ursprünglicher Fassung eine Bezichtigung der polnischen Nation der Beihilfe zum Holocaust mit einer Gefängnisstrafe bewehrt war. Nach Protesten aus der Geschichtswissenschaft, auch in Polen, Israel und den USA, ist dieser Passus des Gesetzes inzwischen revidiert worden.

Der Schlagabtausch nationaler Geschichtspolitik hat die internationale Politik erreicht.[27] In seiner Resolution aus dem September 2019 über die Bedeutung der Vergangenheit für die Zukunft Europas hat das EU-Parlament einen Passus über den Hitler-Stalin-Pakt aufge-

27 Martin Aust, a. a. O., S. 11-24.

nommen, der sich so lesen lässt, als ob das Parlament die Schuld an der Entfesselung des Zweiten Weltkriegs auf Deutschland und die Sowjetunion gleichermaßen verteilt. Zudem enthält die Resolution einige Passagen, die Nationalsozialismus und Stalinismus als Totalitarismus bezeichnen. Das reflektiert das Geschichtsbild ostmitteleuropäischer Nationen, die im 20. Jahrhundert Gewalt sowohl von deutscher als auch sowjetischer Besatzung erfahren haben. Zugleich ignoriert es aber im Gebrauch des unifizierenden Totalitarismusbegriffs alle Erkenntnisse über Unterschiede zwischen den Führerfiguren Hitler und Stalin und den Gewaltpraktiken und -geschichten beider Systeme.[28] Auf diese Resolution des EU-Parlamentes hat der Präsident Russlands Vladimir Putin zweimal reagiert: in einer Runde der Staatschefs der GUS im Dezember 2019, in der er eine ganze Geschichtsvorlesung über den Zweiten Weltkrieg hielt, und dann in einem Text anlässlich des 75. Jahrestags des Weltkriegsendes im Sommer 2020. Beide Male hat Putin zwar Recht, wenn er dem EU-Parlament eine selektive Lesart der internationalen Politik der Jahre 1938/39 vorhält. Zugleich schießt er aber in kruder Weise über das Ziel hinaus, indem er sich zu der abenteuerlichen These versteigt, Polen sei mit schuld am Ausbruch des Zweiten Weltkriegs.

Diese geschichtspolitischen Konflikte werden nicht allein fernab in Moskau, Warschau und Brüssel ausgetragen. Die Botschaften Polens, der Ukraine und Russ-

28 Sheila Fitzpatrick, Michael Geyer, *Beyond Totalitarianism. Stalinism and Nazism compared*, New York 2009.

lands tragen sie gezielt in die Wissenschaft, Öffentlichkeit und Politik Deutschlands hinein. Das zeigte sich in aller Deutlichkeit, als die Botschafter Polens und der Ukraine am 8. Mai 2020 gemeinsam an einer Gedenkzeremonie am Ehrenmal der Roten Armee in Berlin teilnahmen.[29] Im Anschluss daran schrieb der polnische Botschafter Andrzej Przyłębski einen Brief an seinen ukrainischen Amtskollegen in Berlin, Andrij Melnyk. Darin versucht Przyłębski, Melnyk eine Geschichtslektion zu erteilen. Melnyk hatte kurz zuvor davon gesprochen, dass der deutschen Besatzungsherrschaft im Zweiten Weltkrieg 8 Millionen Ukrainerinnen und Ukrainer zum Opfer gefallen seien. Przyłębski belässt es nicht dabei, diese Zahl erheblich nach unten korrigieren zu wollen, er nimmt eine krude Rollenverteilung vor: Polen seien Opfer der Nazis, Ukrainer jedoch Kollaborateure der Nazis gewesen – und zwar sowohl im Holocaust als auch bei der Vernichtung von Polen.

Der Hintergrund dieses Schreibens war eine Debatte des Deutschen Bundestages, ob in Berlin ein Denkmal für die im Zweiten Weltkrieg ermordeten Polen oder ein Dokumentationszentrum aller Verfolgten und Opfer von deutscher Besatzungsherrschaft und Vernichtungskrieg in Europa und der Sowjetunion errichtet werden sollte. Der Bundestag hat im Oktober 2020 beide Projekte beschlossen. Przyłębskis Brief aus dem Mai 2020 erscheint als plumper Versuch, eine exklusive Opferrolle für Polen zu beanspruchen.

In einem anderen Zusammenhang wiederum hat Bot-

29 Martin Aust, a.a.O., S. 12-13.

schafter Melnyk darauf gedrungen, dass das ukrainische Außenministerium der Deutsch-Ukrainischen Historikerkommission seine Schirmherrschaft entzieht. Die Kommission hatte sich geweigert, eine ukrainische Petition zu unterstützen, die den Deutschen Bundestag dazu aufforderte, den Holodomor, den Hungertod von Millionen Ukrainern, herbeigeführt durch Stalins Kollektivierung der Landwirtschaft in den frühen 1930er Jahren, als Genozid anzuerkennen. Historiker sind sich einig, dass es sich um ein Massenverbrechen handelt, das Stalin angeordnet und zu verantworten hat. Umstritten ist hingegen, ob es den juristischen Straftatbestand des Genozids erfüllt, der hinsichtlich der Motivlage der Täter voraussetzungsreich ist. Stalin scheute keine Gewalt, um seine sozioökonomische Politik unnachgiebig durchzusetzen. Ob ihn der Vorsatz leitete, eine national definierte Gruppe von Menschen als Ganzes zu vernichten, wie es in der UN-Konvention gegen Völkermord von 1948 heißt, wird in der Geschichtswissenschaft unterschiedlich bewertet.[30]

Am 22. Juni 2020 – dem 79. Jahrestag des deutschen Überfalls auf die Sowjetunion – erhielt ein breit gestreuter Adressatenkreis von Historikern und Historikerinnen in Deutschland eine E-Mail von der Russischen Botschaft in Berlin. Angehängt war der bereits erwähnte Text des russischen Präsidenten über den Zweiten Weltkrieg. Dieser Text werde bei künftigen Arbeiten zur Geschichte des Zweiten Weltkriegs sicherlich von großer

30 Serhii Plokhy, *The Gates of Europe. A History of Ukraine*, New York 2015, S. 254.

Hilfe sein, hieß es in dem Schreiben. 2021 haben Putin und Medwedjew mehrere Texte über die Geschichte der Ukraine und ihr Verhältnis zu Russland verfasst. Putin glaubt, er könne ein älteres russisches Konzept aus dem 19. Jahrhundert, das die Ukrainer nicht als selbständige Nation, sondern als Zugehörige zur großen russischen Nation aller ostslawischen Völker ansah, seinem Publikum als geschichtswissenschaftliche Erkenntnis verkaufen. Solche geschichtspolitischen Ausflüge von Staatsoberhäuptern und Botschaften absorbieren immer wieder aufs Neue die Aufmerksamkeit. Historikerinnen und Historiker geben Erwiderungen in den Medien ab. Geschichtspolitische Texte gelangen in das Lektüreprogramm der Seminare an den Universitäten. So kommt auch die Geschichtswissenschaft nicht umhin, sich stärker mit der antagonistischen Erinnerungskultur auseinanderzusetzen. Der Krieg Russlands gegen die Ukraine gibt dieser Selbstbefragung jedoch eine neue Perspektive. Debatten in der deutschen Öffentlichkeit zeigen, dass es nicht ausreicht, sich mit den Geschichtskulturen der Länder im östlichen Europa zu befassen. Konträre Positionen zur Ukraine in Deutschland offenbaren eine historische Imprägnierung, die den Blick auf den Status des östlichen Europas in der deutschen Erinnerungskultur und tief in der Geschichte liegende Orientierungsmuster deutscher Osteuropapolitik lenken.

Russlands Krieg gegen die Ukraine – Debatten in der deutschen Öffentlichkeit und Fragen an die Osteuropäische Geschichte

Auf den ersten Blick hat die Bundesrepublik Deutschland eine klare Position zu Russlands Krieg gegen die Ukraine. Die Bundesregierung hat Russlands Überfall als völkerrechtswidrig verurteilt. Mehrmals hat Bundeskanzler Scholz Formulierungen benutzt, die Ukraine müsse den Krieg bestehen, Russland dürfe den Krieg nicht gewinnen.[31] Der Deutsche Bundestag hat am 28. April 2022 beschlossen, auch die Lieferung schwerer Waffen an die Ukraine zuzulassen.[32] Ausmaß und Zeitabläufe dieser Lieferungen sind jedoch Gegenstand kontroverser Debatten. Aus den Regierungsfraktionen fordern die Abgeordneten Marie-Agnes Strack-Zimmermann, Michael Roth und Anton Hofreiter eine entschiedenere Unterstützung der Ukraine, auch mit schweren Waffen.[33] Die Gesellschaft ist in dieser Frage gespalten.[34] Zugleich werden in der Öffentlichkeit die

31 https://www.bundesregierung.de/breg-de/suche/regierungserklaerung-des-bundeskanzlers-2041180 (zuletzt aufgerufen am 6. Juni 2022).

32 https://www.bundestag.de/dokumente/textarchiv/2022/kw17-de-selbstverteidigung-ukraine-891272 (zuletzt aufgerufen am 6. Juni 2022).

33 Die drei Abgeordneten des Deutschen Bundestags sind am 12. April 2022 gemeinsam in die Ukraine gereist und haben ihre Kritik an der Politik der eigenen Regierung mehrfach auf twitter auf ihren accounts @MAStrackZi, @ToniHofreiter und @MiRo_SPD dokumentiert (alle zuletzt aufgerufen am 6. Juni 2022).

34 Der ARD-DeutschlandTrend meldete am 28. April 2022, jeweils

Stimmen von Intellektuellen und Personen des öffentlichen Lebens lauter, die eindringlich vor Waffenlieferungen warnen und es am liebsten sehen würden, wenn es zu einer raschen Verhandlungslösung zwischen Russland und der Ukraine käme: Es gelte eine Eskalation des Krieges in einen atomaren Konflikt und weitere ukrainische Opfer zu vermeiden. Das Recht auf Selbstverteidigung finde seine Grenze in einer bestimmten Zahl von Opfern, die freilich nicht genauer bestimmt wird. So argumentiert ein offener Brief in der *Emma*, initiiert von Alice Schwarzer, unterschrieben unter anderem von Alexander Kluge.[35] Anfang Mai 2022 warf Alice Schwarzer dem ukrainischen Präsidenten Selenskij vor, er höre nicht auf zu provozieren mit seinen Forderungen nach weiteren Sanktionen gegen Russland und Waffenlieferungen an die Ukraine.[36]

Jürgen Habermas ringt um eine abgewogene Position und sieht den Westen in einem Dilemma, einerseits eine Niederlage der Ukraine vermeiden zu müssen und

45 % der Befragten seien für und gegen die Lieferung schwerer Waffen an die Ukraine: https://www.tagesschau.de/inland/deutschlandtrend/deutschlandtrend-2991.html (zuletzt aufgerufen am 6. Juni 2022). Laut einer Studie der Bertelsmann Stiftung vom Mai 2022 sprechen sich lediglich 10 % der Befragten in Deutschland gegen jegliche Hilfe für die Ukraine aus: htpps://www.bertelsmann-stiftung.de/de/unsere-projekte/gesellschaft licher-zusammenhalt-bleibt-unter-druck (zuletzt aufgerufen am 13. Juli 2022).

35 https://www.emma.de/artikel/offener-brief-bundeskanzler-scholz-339463 (zuletzt aufgerufen am 6. Juni 2022).

36 https://www.sueddeutsche.de/muenchen/muenchen-dokumen tarfilmfest-schwarzer-selenskij-1.5580667 (zuletzt aufgerufen am 6. Juni 2022).

andererseits nicht zur Kriegspartei zu werden. Habermas unterstellt den Kritikern der zögerlichen deutschen Waffenlieferungen jedoch »kriegstreiberische Rhetorik« und möchte die geteilten Meinungen über Waffenlieferungen auf einen Generationenkonflikt herunterbrechen zwischen den Älteren und Rationalen, denen noch Krieg und Nachkriegszeit im Nacken sitzen, und den vermeintlich emotionalen Jüngeren, zu denen er auch Außenministerin Baerbock zählt.[37] In der Talkshow von Anne Will am 8. Mai 2022 nahm Harald Welzer die Kriegserfahrung der Deutschen in Anspruch, um den ukrainischen Botschafter Andrij Melnyk darüber zu belehren, warum es aus Sicht der Unterzeichner des offenen Briefes in der *Emma* höchste Zeit sei, dass die Ukraine sich auf Verhandlungen einlasse, um zu einem Kompromiss mit Russland zu kommen.[38] Diese Forderung, es müsse eine Verhandlungslösung geben, die es auch Putin erlaube, sein Gesicht zu wahren, ist weit verbreitet. Doch wie soll ein Kompromiss mit einem Präsidenten geschlossen werden, der seinem Nachbarland das Recht auf Existenz abspricht und von dessen Besatzungsregime zu erwarten ist, dass der Terror gegen die Eliten und die Zivilbevölkerung nach einem Waffenstillstand und Friedensschluss weitergeht?[39]

37 https://www.sueddeutsche.de/projekte/artikel/kultur/das-dilemma-des-westens-juergen-habermas-zum-krieg-in-der-ukraine-e068321/ (zuletzt aufgerufen am 6. Juni 2022).

38 https://www.youtube.com/watch?v=loZgtQN9dio (zuletzt aufgerufen am 6. Juni 2022).

39 Timothy Snyder, The folly of »off-ramps«, 30. Mai 2022: https://snyder.substack.com/p/the-folly-of-off-ramps?s=r (zuletzt aufgerufen am 7. Juni 2022).

Wie ist es zu erklären, dass ein bestimmter Teil des politischen Spektrums, der medialen Öffentlichkeit und der Intellektuellen in Deutschland sich so schwer damit tut, die Perspektive der Ukraine zur Kenntnis zu nehmen? Warum wird stattdessen danach gefragt, was zu tun ist, um Putin einen gesichtswahrenden Ausgang zu ermöglichen und ihn nicht zu provozieren? Woran liegt es, dass einige Entscheidungsträger in Wirtschaft, Politik und Kultur, offenbar im Russland-Komplex (Gerd Koenen[40]) gefangen, insgeheim auf eine Rückkehr zu business as usual in den deutsch-russischen Beziehungen warten? Warum setzt erst heute das große Umdenken samt einer Revision der Merkel-Ära ein? Warum offenbaren die Verfasser offener Briefe, von Kluge bis Habermas, so große Uninformiertheit? Gab es für sie nichts zu lesen, was ihnen den Charakter des Putin-Systems und die Maidan-Gesellschaft hätte erklären können? Wo waren die Osteuropahistoriker? Warum wurde ihre Kompetenz nicht genutzt?

Unverständnis und Ahnungslosigkeit eines Teils der deutschen Öffentlichkeit sind nicht auf mangelnde Wissensangebote zurückzuführen. Wer sich für die Ukraine und ihre Geschichte interessiert, findet auf dem deutschen Buchmarkt facettenreiche Lektüren. Überblicksdarstellungen erhellen die Geschichte der Ukraine vom Mittelalter bis zur Gegenwart.[41] Deutschsprachige Lite-

40 Gerd Koenen, *Der Russland-Komplex. Die Deutschen und der Osten 1900 – 1945*, München 2005.

41 Frank Golczewski (Hg.), *Geschichte der Ukraine*, Göttingen 1993; Andreas Kappeler, *Kleine Geschichte der Ukraine*, München 1994; ders., *Ungleiche Brüder. Russen und Ukrainer vom Mittel-*

ratur legt schmerzvolle Zeugnisse ukrainischer Familiengeschichten aus dem 20. Jahrhundert ab. Sie handeln von ermordeten Vorfahren im Holocaust und von Eltern, die zur Zwangsarbeit in das nationalsozialistische Deutschland deportiert worden waren.[42] Über die vergangenen Jahrzehnte haben ukrainische Intellektuelle und Schriftsteller die Eigenständigkeit ihres Landes erzählt und reflektiert.[43] Es gibt Bücher, die den Euromaidan von 2014/15 als Revolution der ukrainischen Zivilgesellschaft würdigen.[44] Auch die ukrainische Kriegserfahrung 2014/15 hat ihre literarische Verarbeitung gefunden. Lange vor dem Überfall Russlands konnte man lesen, wie Angriff und Besatzung im Donbasss das Leben der Menschen umstürzten.[45] Wer etwas über die Ukraine lernen wollte, hatte ausreichend Lektüre zur Verfügung, und die Erträge der Geschichtswissenschaft zu einzelnen Facetten der ukrainischen Vergangenheit

alter bis zur Gegenwart, München 2017; Kerstin S. Jobst, *Geschichte der Ukraine*, Stuttgart 2015.

42 Katja Petrowskaja, *Vielleicht Esther. Geschichten*, Berlin 2014; Natascha Wodin, *Sie kam aus Mariupol*, Reinbek bei Hamburg 2017.

43 Juri Andruchowytsch, Andrzej Stasiuk, *Mein Europa. Zwei Essays über das sogenannte Mitteleuropa*, Frankfurt am Main 2004; Mykola Rjabtschuk, *Die reale und die imaginierte Ukraine. Essay*, Frankfurt am Main 2005; Kateryna Mishchenko, Miron Zownir, *Ukrainische Nacht*, Leipzig 2015.

44 Juri Andruchowytsch (Hg.), *Euromaidan. Was in der Ukraine auf dem Spiel steht*, Berlin 2014; Katharina Raabe, Manfred Sapper (Hg.), *Testfall Ukraine, Europa und seine Werte*, Berlin 2015; Karl Schlögel, *Entscheidung in Kiew. Ukrainische Lektionen*, München 2015; Marci Shore, *The Ukrainian Night. An Intimate History of Revolution*, New Haven/CT 2017.

45 Serhij Zhadan, *Internat.* Roman, Berlin 2018.

sind hier noch gar nicht genannt.[46] Woran liegt es, dass die Ukraine nicht als Subjekt ihrer Geschichte wahrgenommen wird?

Die Antwort ist komplex und hat sich in unterschiedlichen Zeitschichten deutscher Osteuropapolitik und deutscher Einstellungen zu Krieg und Frieden sedimentiert. Preußens Aufstieg zur Großmacht erfolgte an der Seite Russlands. Das Unterpfand, das Preußen und Russland als Ausweis ihrer Zugehörigkeit zum Klub der großen Mächte in Europa hinterlegten, waren die Teilungen Polen-Litauens im späten 18. Jahrhundert und eine darauf basierende negative Polenpolitik (Klaus Zernack). Bismarcks Lesart zufolge lag darin ein bedeutender Faktor, 1871 das Deutsche Reich mit der stillschweigenden Zustimmung Russlands gründen zu können.[47] Der machtpolitischen trat eine kulturelle Russlandorientierung Deutschlands an die Seite. Als Thomas Mann mit seiner Ehefrau Katja die erste gemeinsame Münchner Wohnung bezog und sein Arbeitszimmer einrichtete, sah er in seiner Bibliothek mehrere Regalfächer für rus-

46 Ich beschränke mich hier auf eine – sicherlich und ohne Vorsatz – unvollständige Aufzählung von Historikerinnen und Historikern, die Bücher zur Geschichte der Ukraine geschrieben haben oder gerade schreiben: Anna Veronika Wendland, Ricarda Vulpius, Kerstin Jobst, Andreas Kappeler, Frank Golczewski, Gerhard Simon, Rudolf Mark, Guido Hausmann, Tanja Penter, Kai Struve, Frank Grelka, Gregorz Rossoliński-Liebe, Fabian Baumann und Felix Schnell.

47 Klaus Zernack, Negative Polenpolitik als Grundlage deutsch-russischer Diplomatie in der Mächtepolitik des 18. Jahrhunderts, in: Uwe Liszkowski (Hg.), *Russland und Deutschland,* Stuttgart 1974, S. 144-159.

sische Literatur vor.[48] Puschkin, Tolstoj und Dostojewski waren dem deutschen Lesepublikum ein Begriff, der ukrainische Schriftsteller Taras Schewtschenko hingegen nicht. Der Kunstkritiker und Feuilletonist Oscar Bie begleitete 1914 den Dirigenten Sergei Kussewitzki auf einer sommerlichen Konzertreise entlang der Wolga. Die Konzerte wurden auf dem Schiff gespielt. Die Debatten um die Programmgestaltung kreisten um die Ausbalancierung russischer und deutscher Komponisten.[49] Beethoven und Tschaikowski waren die Fixsterne im Konzertsaal. Auf ihrer Russlandtournee anlässlich der Krönung Nikolaus II. spielten die Berliner Philharmoniker 1896 in Moskau auf Wunsch Kaiser Wilhelms II. die vierte Sinfonie von Tschaikowski.[50] Diese Traditionslinie lässt sich verfolgen bis zum Werk Alexander Kluges, zuletzt seinem aufwendig gestalteten Buchprojekt *Russland-Kontainer*. Russlands Kultur und Sowjetrusslands Technologie bieten Kluge unerschöpfliche Möglichkeiten zum Betrachten und Reflektieren: »Allem, was mich verwirrt an meinem eigenen Land und was ich an meinen unmittelbaren Erfahrungen nicht verstehe, kann ich versuchen näherzukommen, indem ich von einem mir fremden Land erzähle« – mit diesem Zi-

48 Thomas Mann. *Ein Leben in Bildern*. Herausgegeben von Hans Wysling und Yvonne Schmidlin, 3. Aufl., Düsseldorf/Zürich 1998, S. 176, 177.

49 Oscar Bie, *Musik auf der Wolga 1914*, Leipzig 1920.

50 *Variationen mit Orchester. 125 Jahre Berliner Philharmoniker. Band 1 Orchestergeschichte*, herausgegeben von der Stiftung Berliner Philharmoniker, Leipzig 2007, S. 129 (ohne Angabe der 4. Sinfonie).

tat Heiner Müllers eröffnet Kluge seine Erkundungsreise.[51]

Im 20. Jahrhundert lässt sich eine Erweiterung des deutschen Russland- und Sowjetunionbildes um eine neue Dimension beobachten: die USA. Die deutschen Russland- und Amerikabilder sind dabei auf das Engste aufeinander bezogen. Die UdSSR bzw. Russland und die USA waren und sind bis heute kommunizierende Röhren politischer Orientierung und Emotionalisierung in Deutschland. Wer in Deutschland nach dem Waffenstillstand von Compiègne 1918 und dem Frieden von Versailles 1919 auf territoriale Revision im Osten und auf ein Unterlaufen der militärischen Beschränkungen der Reichswehr sann, die die westlichen Alliierten Deutschland auferlegt hatten, fand in der Sowjetunion einen kooperationswilligen Partner. Adolf Hitlers Weltmachtvorstellungen wiederum kreisten in seinem Buch *Mein Kampf* und seinem sogenannten zweiten Buch um die Idee, eine fundamentale Auseinandersetzung zunächst mit dem Bolschewismus und dann den USA zu führen.[52] Viele, die bis 1945 gegen den Bolschewismus gekämpft hatten, konnten unter den neuen Vorzeichen des Kalten Krieges die Auseinandersetzung mit der Sowjetunion

51 Alexander Kluge, *Russland-Kontainer*, Berlin 2020, S. 9.

52 Hitler, *Mein Kampf. Eine Kritische Edition*, hg. von Christian Hartmann, Thomas Vordermayer, Othmar Plöckinger, Roman Töppel, unter Mitarb. von Pascal Trees, Angelika Reizle, Martina Seewald-Mooser, im Auftrag des Instituts für Zeitgeschichte München – Berlin, 2 Bde., München/Berlin 2016; *Hitlers Zweites Buch. Ein Dokument aus dem Jahr 1928*, eingel. und kommentiert von Gerhard L. Weinberg, mit einem Geleitwort von Hans Rothfels, Stuttgart 1961.

in gewandelter Form fortführen: das Feindbild des Kommunismus blieb erhalten, stand nun in der Bundesrepublik aber unter dem Vorzeichen der Zugehörigkeit zum einst geschmähten Westen. Der Zusammenhang von Amerikakritik und Russlandorientierung zeigte sich in der deutschen Politik nochmals im frühen 21. Jahrhundert, als Bundeskanzler Schröder, der französische Präsident Chirac und Russlands Präsident Putin 2003 die völkerrechtswidrige Invasion der USA unter ihrem Präsidenten George W. Bush und seiner Koalition der Willigen in den Irak kritisierten. Eine Verteidigungslinie der von Schröder mit eingefädelten Gaspipeline Nord Stream 2 bestand darin, das Projekt als deutsch-russisches ökonomisches Unternehmen darzustellen, das es gegen die aggressiven Exportwünsche der amerikanischen Flüssiggas-Lobby zu verteidigen gelte. Heinrich August Winkler hat die deutsche Geschichte auf den Begriff des langen Weges nach Westen gebracht, in dem das wiedervereinigte, demokratische und transatlantische Deutschland 1990 endgültig angekommen sei.[53] Der Blick auf die deutschen Russland- und Amerikabilder zeigt immer wieder, dass diese Westorientierung von einer starken Russlandorientierung flankiert und herausgefordert ist. Im deutschen Gespräch über die Ukraine sind dementsprechend immer wieder Stimmen zu hören, die die russische Propaganda aufgreifen, wonach der Maidan 2013/14 ein von der CIA angezettelter Putsch

53 Heinrich August Winkler, *Der lange Weg nach Westen. Band 1: Deutsche Geschichte vom Ende des Alten Reiches bis zum Untergang der Weimarer Republik. Band 2: Deutsche Geschichte vom »Dritten Reich« bis zur Wiedervereinigung*, München 2001/2002.

gewesen sei und die USA die NATO-Mitgliedschaft der Ukraine forcierten, um Russland zu schaden.[54]

Ein weiterer Faktor der Marginalisierung der Ukraine liegt in einer missverstandenen Tradition der Ostpolitik Willy Brandts. Der Imperativ, um des Friedens in Europa willen vor allem eine gemeinsame Diplomatie mit Putins Russland zu betreiben, ist auch nach 2014 unter Verweis auf das Erbe Willy Brandts mehrfach vorgebracht worden.[55] Dieses Plädoyer übersieht die Unterschiede sowohl der strukturellen Rahmenbedingungen im Kalten Krieg und in der Welt des frühen 21. Jahrhunderts als auch zwischen den politischen Figuren Breschnjew und Putin. Im Kalten Krieg herrschte Moskau hegemonial über ein Imperium, das sich mit der DDR bis an die Elbe erstreckte. Direkte Gespräche mit den Regierungen in Ost-Berlin, Prag und Warschau ohne vorherige Absprache mit Moskau waren in jener Welt nicht denkbar und wohl auch nicht möglich. Dass Brandt als Erstes mit Moskau sprach, lag nicht daran, dass er die UdSSR oder Russland für den archimedi-

54 Bei öffentlichen Vorträgen vor unterschiedlichen Publika außerhalb der Universität seit 2014 habe ich immer wieder die Erfahrung gemacht, wie stark die Rückfragen des Publikums auf Russland und Putin fokussiert sind und wie sich in ihnen zum Teil auch Versatzstücke russischer Propaganda wiederfinden. Das bedeutet nicht, allen Fragenden zu unterstellen, russische Propaganda gezielt und bewusst weiterzuverbreiten. Es zeigt, wie Versatzstücke russischer Propaganda in das öffentliche Gespräch in Deutschland diffundieren.

55 Matthias Platzeck, *Wir brauchen eine neue Ostpolitik. Russland als Partner*, Berlin 2020; Gabriele Krone-Schmalz, *Eiszeit. Wie Russland dämonisiert wird und warum das so gefährlich ist*, 4. Aufl., München 2018.

schen Punkt der Weltfriedensordnung hielt, sondern weil die Rahmenbedingungen des Kalten Krieges und der deutschen Teilung ihm keine andere Wahl ließen.

Die europäische Friedensordnung nach dem Fall der Berliner Mauer ist in der Charta von Paris von 1990 festgehalten. Sie ist die Grundlage für die Beitritte zahlreicher Staaten im östlichen Europa zu NATO und EU. In einem Europa der freien und souveränen Staaten kann und darf deutsche Außenpolitik die Interessen von Staaten, die entweder Mitglied der EU oder mit ihr assoziiert sind, nicht auf dem Altar der deutsch-russischen Beziehungen opfern. Breschnjew war an einer Politik des Status quo von 1945 interessiert und in diesem Rahmen kompromissbereit, so dass er 1975 für die Sowjetunion das Abkommen von Helsinki unterzeichnete. Putin verfolgt eine Revision der Ordnung von 1990. Der Angriff Russlands auf die Ukraine zeigt, dass der vielzitierte Schlüssel zur europäischen Friedensordnung nicht mehr in Moskau, sondern in Kiew liegt. Mit Putin ist eine gemeinsame strategische Ordnungspolitik undenkbar. Wer ein freies, sicheres und stabiles Europa will, für den hat Hilfe für die Ukraine oberste Priorität.[56]

Schließlich spielt auch die Erinnerungskultur eine Rolle bei der Marginalisierung der Ukraine. Die Deutschen wähnten sich in ihrer Holocaust-Erinnerung in

56 Hans-Dieter Heumann, Der Schlüssel liegt nicht mehr in Moskau, in: *ZEIT online*, 31. Mai 2022, https://www.zeit.de/politik/ausland/2022-05/sicherheitspolitik-europa-russland-ukraine-krieg-Vladimir-putin-diplomatie (zuletzt aufgerufen am 7. Juni 2022).

dem Glauben, die NS-Vergangenheit bewältigt zu haben.[57] Vor den zahlreichen Verbrechen gegenüber Polen und sowjetischen Staatsbürgern im Vernichtungskrieg gegen Polen und die Sowjetunion haben die Deutschen jedoch lange Zeit die Augen geschlossen. Die Geschichten von Menschen aus der Ukraine, die der deutsche Angriff 1941 als Kinder traf und die nun an ihrem Lebensabend den russischen Angriff erfahren müssen, treffen Teile der deutschen Öffentlichkeit unvorbereitet. Das Bewusstsein, dass die Ukraine in zwei Weltkriegen zwei deutsche Besatzungsherrschaften erlebte, die beide auf maximale Ressourcenausbeutung setzten, und NS-Deutschland im Zweiten Weltkrieg zudem einen Vernichtungskrieg mit Millionen Opfern auch in der Ukraine führte,[58] ist in der Bundesrepublik noch zu schwach entwickelt. Erst seit kurzem lassen sich hier Anzeichen eines Umdenkens beobachten. Historikerinnen und Historiker legen Bücher vor, die darauf zielen, den deutschen Vernichtungskrieg im östlichen Europa gegen Polen und die Sowjetunion – und damit auch in der Ukraine – in das Bewusstsein einer breiteren Öffentlichkeit zu bringen.[59] Der Deutsche Bundestag hat im Oktober 2020 Beschlüsse gefasst, einen deutsch-pol-

57 Ulrike Jureit, Christian Schneider, *Gefühlte Opfer. Illusionen der Vergangenheitsbewältigung*, Stuttgart 2010.

58 Frank Grelka, *Die ukrainische Nationalbewegung unter deutscher Besatzungsherrschaft 1918 und 1941/42*, Wiesbaden 2005.

59 Franziska Davies, Ekaterina Makhotina, *Offene Wunden Osteuropas. Reisen zu den Erinnerungsorten des Zweiten Weltkriegs*, Darmstadt 2022. Martin Aust, *Erinnerungsverantwortung. Deutschlands Besatzungsherrschaft und Vernichtungskrieg im östlichen Europa 1939-1945*, Bonn 2021.

nischen Ort und ein Dokumentationszentrum deutscher Besatzungsherrschaft im Zweiten Weltkrieg in ganz Europa in Berlin einzurichten, um die Opfer, die der deutsche Vernichtungskrieg im östlichen Europa gefordert hat, stärker sichtbar zu machen.[60] Bundespräsident Frank-Walter Steinmeier hat anlässlich des 80. Jahrestags des deutschen Überfalls auf die Sowjetunion eine Rede gehalten, die die auf Russland fokussierte Sicht der Deutschen überwindet und anerkennt, in welchem Ausmaß Belarussen, Ukrainer und Russen, aber auch weitere Völkerschaften der UdSSR vom deutschen Überfall und von der deutschen Vernichtungspolitik betroffen waren.[61]

Somit lässt sich hoffen, dass die jahrelangen Bemühungen etwa des Zentrums Liberale Moderne und auch der Deutsch-Ukrainischen Historikerkommission, die Ukraine den Menschen in Deutschland näherzubringen, von Erfolg gekrönt sein werden.[62] Dabei entstehen auch für die Osteuropäische Geschichte neue Aufgaben und

60 Am 9. Oktober 2020 stimmte der Bundestag dem Antrag »Gedenken an die Opfer des deutschen Vernichtungskriegs stärken und bisher weniger beachtete Opfergruppen des Nationalsozialismus anerkennen« und am 30. Oktober dem Antrag »Mit einem Ort des Erinnerns und der Begegnung dem Charakter der deutsch-polnischen Geschichte gerecht werden und zur Vertiefung der besonderen bilateralen Beziehungen beitragen« zu.

61 https://www.bundespraesident.de/SharedDocs/Reden/DE/Frank-Walter-Steinmeier/Reden/2021/06/210618-D-Russ-Museum-Karlshorst.html (zuletzt aufgerufen am 1. Mai 2022).

62 Zentrum Liberale Moderne: https://libmod.de/; Deutsch-Ukrainische Historikerkommission: www.duhk.org (beide zuletzt aufgerufen am 9. Juni 2022).

Herausforderungen. Eine schmale Gratwanderung des Faches zwischen Selbstkritik und wissenschaftlichem Disput zeigt sich exemplarisch im Blick auf die Rezeptionsgeschichte des Buches *Bloodlands*, das der amerikanische Historiker Timothy Snyder 2010 vorlegte. Das Buch ist seit Jahren ein Bestseller, es wurde in den Medien breit rezipiert und wird bis heute von Politikern und Redenschreibern als Referenzwerk konsultiert, das dem deutschen Lesepublikum die Augen für die Geschichte auch der Ukraine öffnete.[63]

Bloodlands handelt von den Gewalterfahrungen der Menschen in der Region zwischen Deutschland im Westen und den russischen Regionen der Sowjetunion im Osten von den frühen 1930er Jahren bis 1945. Snyder erzählt diese Gewaltgeschichte als das Ergebnis der Interaktion von Nationalsozialismus und Stalinismus. Diese Gewalt ist teilweise auch in der deutschen Historiographie zum Holocaust und einzelnen Geschichten Polens, der Ukraine, Belarus' und der baltischen Staaten deutscher Autoren untersucht worden. Historiker aus diesen Ländern haben sie in großer Ausführlichkeit erforscht. Daraus hat jedoch niemand in Deutschland den Schluss gezogen, diese Gewalterfahrungen komprimiert und gut lesbar in einem Buch darzustellen. So gelangte ein zentrales Anliegen ostmitteleuropäischer und ukrainischer Geschichtserfahrung – die doppelte Opfergeschichte unter Nationalsozialismus und Stalinismus – vermittelt durch einen international renommierten ame-

63 Timothy Snyder, *Bloodlands. Europa zwischen Hitler und Stalin*, München 2011.

rikanischen Historiker in die deutsche Öffentlichkeit. Snyder traf damit einen Nerv.

Der Ansatz, die Gewaltgeschichte der Bloodlands aus der Interaktionsgeschichte von Nationalsozialismus und Stalinismus zu erklären, ist jedoch mit einem Preis versehen. Er schwächt die Unterschiede zwischen den beiden Diktaturen ab und überzeichnet die Kooperationsgeschichte massiver Gewalt – als habe es sich durchgängig um ein gemeinsames Projekt von Deutschen und Sowjets gehandelt. Diese Erzählung trägt für die Jahre 1939/40 bei der deutsch-sowjetischen Kooperation in der Besatzung Polens nach dem Hitler-Stalin-Pakt, stößt jedoch bei der Darstellung des deutsch-sowjetischen Kriegs an ihre Grenzen.[64] Das gilt auch für Ausführungen Snyders auf Einladung der Bundestagsfraktion Bündnis 90/Die Grünen 2017, als er die Beherrschung und Ausbeutung der Ukraine als primäres Kriegsziel Hitlers bezeichnete.[65] So immens die Opfer der Ukraine im deutschen Vernichtungskrieg waren und so wichtig es ist, dies in der deutschen Öffentlichkeit stärker ins Bewusstsein zu heben, so problematisch ist der Anspruch auf Singularität der Gewalterfahrung und den Superlativ eines Opferstatus, der in solchen Ausführungen zum Ausdruck kommt. Der Generalplan Ost, der Auskunft über die deutschen Vorstellungen ei-

64 Jürgen Zarusky, Timothy Snyders »Bloodlands«. Kritische Anmerkungen zur Konstruktion einer Geschichtslandschaft, in: *Vierteljahreshefte für Zeitgeschichte* 1/2012, https://www.ifz-muenchen.de/heftarchiv/2012_1_1_zarusky.pdf (zuletzt aufgerufen am 9. Juni 2022).

65 https://www.youtube.com/watch?v=OTJwCCAF2lA (zuletzt aufgerufen am 9. Juni 2022).

ner Nachkriegsordnung im östlichen Europa gibt, schließt die Ukraine zwar zentral mit ein, hat aber einen viel weitergehenden räumlichen Horizont: Deportationen lokaler Bevölkerungen, die deutschen Siedlern Platz machen sollen, sind darin für einen weiten Raum von Ingermanland und Nordwestrussland über das Baltikum, Polen und die Ukraine bis hinab zur Krim vorgesehen gewesen.[66]

So steht die Osteuropäische Geschichte angesichts konkurrierender Geschichtspolitiken, konflikthafter Erinnerungskulturen, Russlands Krieg gegen die Ukraine und einer über Fragen der Russland- und Ukrainepolitik gespaltenen deutschen Gesellschaft vor vielen Aufgaben. Die Imperiengeschichte, die sich in den letzten Jahrzehnten so stark entwickelt hat, ist jetzt gefragt und herausgefordert. Putins Neoimperialismus stellt ihr zeitgeschichtliches Erklärungspotenzial auf den Prüfstand. Die Geschichten von Imperien und einem imperialen Erbe zwischen Post- und Neoimperialität sollten dazu beitragen, Putins Herrschaft zu analysieren.[67] Zugleich muss die Osteuropäische Geschichte noch mehr Ostmitteleuropa, Belarus und Ukraine wagen. Mit dem Herder-Institut für historische Ostmitteleuropaforschung in Marburg (Institut der Leibniz-Gemeinschaft), dem Leibniz-Institut für Geschichte und Kultur des östlichen Europa (GWZO) und dem Deutschen

66 Generalplan Ost, Juni 1942, https://www.1000dokumente.de/index.html?c=dokument_de&dokument=0138_gpo&l=de (zuletzt aufgerufen am 5. März 2021).

67 Martin Aust, *Die Schatten des Imperiums. Russland seit 1991*, München 2019.

Historischen Institut Warschau verfügt die Ostmitteleuropaforschung über starke Institutionen. Um die Geschichte der Ukraine nicht nur als transnationalen Transferraum, sondern als Ort der Geschichte und historisches Subjekt aufzufassen, bedarf es einer Institutionalisierung von Ukraine-Forschung über die Deutsch-Ukrainische Historikerkommission hinaus. Die Gründung eines Deutschen Historischen Instituts in Kiew wäre hier ein wichtiger Impuls. Zugleich ist die Osteuropäische Geschichte aufgefordert, neue Kanäle der Kommunikation in eine breitere Öffentlichkeit zu erproben. In den überregionalen Zeitungen und Rundfunkanstalten findet ein Transfer historischen Wissens über die Ukraine durchaus statt. Die politischen Talkshows im öffentlich-rechtlichen Fernsehen reproduzieren demgegenüber einen Diskurs, der der Ukraine nicht den Status eines Subjekts in Geschichte und internationalen Beziehungen zugesteht.

Hier muss die Osteuropäische Geschichte ihren Beitrag leisten, der Ukraine zu mehr Aufmerksamkeit und Verständnis in der deutschen Gesellschaft und Öffentlichkeit zu verhelfen. Die Universitäten benötigen ein substanzielles Angebot von Ukrainischkursen, damit in den geschichts-, kultur- und sozialwissenschaftlichen Seminaren tiefer schürfende Lehrveranstaltungen zu Geschichte und Kultur, Politik und Gesellschaft der Ukraine stattfinden können. Wenn die Galerien, Kinos, Literaturhäuser und Konzertsäle des Landes sich für ukrainische Kunst, Film, Literatur und Musik öffnen, sollten die Universitäten den vielbeschworenen Transfer von Wissenschaft in die Öffentlichkeit zur Praxis werden lassen und gemeinsame Veranstaltungen suchen. Im Idealfall bündeln sich solche Initiativen zu einem Chor, der die Auffassung des wichtigen deutschen Schlagwortes »Nie wieder!« erweitert. »Nie wieder!« bedeutet weiterhin, dass von deutschem Boden nie wieder Krieg und Massenverbrechen ausgehen sollen. Und es gilt: Nie wieder Krieg in Europa. Darüber hinaus muss es in Zukunft heißen, dass im politisch-gesellschaftlichen Gespräch in Deutschland nie wieder das Echo des deutschen Russland-Komplexes die Stimmen der Ukraine und weiterer Länder im östlichen Mitteleuropa übertönen darf.

Werte und Recht

Staatlichkeit, Souveränität und Krieg

Im klassischen Völkerrecht waren Kriegserklärungen im Detail geregelt. Im antiken Rom mussten Priester eine blutige, an der Spitze angebrannte oder mit Eisen beschlagene Lanze über die Grenze ins feindliche Land schleudern und mit der Formel »Bellum indico facioque« (»Krieg erkläre und unternehme ich«) den Beginn der Feindseligkeiten markieren. Mit dem in die Charta der Vereinten Nationen aufgenommenen Gewaltverbot sind Kriegserklärungen aus der Mode gekommen, auch wenn noch immer Kriege geführt werden. Lieber spricht man von »militärischen Sonderoperationen« oder von »Friedensmissionen«. Mit seiner Rede vom 24. Februar 2022 erklärte so auch der russische Präsident Vladimir Putin der Ukraine nicht den Krieg. Vielmehr bemühte er sich, *seinen* Krieg der Welt zu erklären und darzulegen, warum er es für nötig hielt, in der Nacht des 24. Februar 2022 Tod und Verderben mit sich bringende russische Truppen in das Gebiet der Ukraine zu entsenden.

Seine Vorwürfe an die Ukraine waren die eines Lehrmeisters. Die Ukraine habe »ihre Staatlichkeit auf die Verneinung all dessen, was uns vereint, aufgebaut«. Sie habe ausländische Kräfte im Land mitbestimmen lassen, die, so wörtlich, »mit Hilfe eines weit verzweigten Netzes von NGOs und von Geheimdiensten der Ukraine ihre Klientel aufgedrängt und ihre Vertreter an die Macht gebracht« hätten. Korruption wirft er der Ukraine vor, Zusammenarbeit mit den Feinden Russlands. Sie habe keine unabhängigen Richter, sogar auf ihre Auswahl werde vom Ausland Einfluss genommen. Sie habe die russische Sprache aus den Schulen vertrieben, zum Schisma der orthodoxen Kirche beigetragen und das Denkmal von Alexander Suworow gestürzt, der die Krim an Russland angegliedert hatte. Die Liste der Vergehen ist lang.[1]

Letztlich wirft Putin der Ukraine vor, einen eigenen Weg gegangen zu sein und »souverän« gehandelt zu haben; er bestreitet, dass der Ukraine diese Souveränität zukomme. Umgekehrt begründet er den Einsatz von Waffengewalt der Ukraine gegenüber drei Tage später mit der Souveränität Russlands: »Das [die sogenannte Politik der Eindämmung gegenüber Russland] ist eine echte Bedrohung nicht nur unserer Interessen, sondern der Existenz unseres Staates, seiner Souveränität.«[2]

Den Begriff der »souveraineté« hat der Staatstheoretiker Jean Bodin für die monarchische Welt Frankreichs am Ende des 16. Jahrhunderts geprägt, für eine Welt, in der mit den konfessionellen Bürgerkriegen allumfassende Herrschaft in Frage gestellt wurde und der Zusammenhalt im Staat einer neuen Absicherung bedurfte. Das

1 Ansprache des russischen Präsidenten Putin vom 21.02.2022, http://en.kremlin.ru/events/president/news/67828 (zuletzt aufgerufen am 06.03.2022).

2 Ansprache des russischen Präsidenten Putin vom 24.02.2022, als Annex beigefügt dem Brief des russischen Botschafters bei den Vereinten Nationen Vassily Nebenzia an den Generalsekretär der Vereinten Nationen (S/2022/154).

Konzept setzte sich bei der Herausbildung der modernen Nationalstaaten durch.

In den gegenwärtigen Auseinandersetzungen in und um Osteuropa ist kein Rechtsbegriff von größerer Bedeutung als die »Souveränität«. Darum geht es in dem neuen großen Krieg Russlands gegen die Ukraine; darum geht es aber auch in einer Vielzahl von Auseinandersetzungen um den Zuschnitt des europäischen Einigungsprozesses.

So griff – in sehr prominenter Weise – das polnische Verfassungsgericht ebenjene Idee der Souveränität auf und trieb damit die Auseinandersetzung zwischen Brüssel und Warschau um Recht und Rechtsstaatlichkeit in der Europäischen Union auf die Spitze: »Der Versuch des Europäischen Gerichtshofs, sich in das polnische Justizwesen einzumischen, verstößt … gegen die Regel, dass die Souveränität im Prozess der europäischen Integration gewahrt bleibt.«[3]

»Polnisches Recht first« – so könnte man den Inhalt des Urteils mit einem Slogan zusammenfassen. Das Urteil löste ein juristisches Erdbeben aus. Siebzehn Jahre nachdem man im Jahr 2004 den Beitritt der mittel- und osteuropäischen Staaten zur Europäischen Union mit Europafahnen und Feuerwerk gefeiert hatte, stand man vor dem Trümmerhaufen des Sich-nicht-mehr-Verstehens und fragte sich, ob man sich je verstanden hatte, gerade wenn es um so Grundlegendes wie Staat und Recht ging. In Polen aber berief man sich auf ein Dictum aus Karlsruhe, das kurz zuvor ergangen war; auch dort hat-

3 Polnischer Verfassungsgerichtshof, Urteil K 3/21 vom 07.10. 2021.

te man argumentiert, es könne Fälle geben, in denen ein Urteil des Europäischen Gerichtshofs um der staatlichen Souveränität willen nicht beachtet werden könne.[4]

Jean Bodins Idee wird so im Westen wie im Osten Europas als Argument in Auseinandersetzungen um Recht und Macht verwendet, ganz gleich, ob sie mit Waffen oder Worten geführt werden. Dabei ist es alles andere als selbstverständlich, dass rechtliche Konzepte, die zu einer bestimmten Zeit für einen bestimmten Zweck in einem bestimmten Land entwickelt werden, auch anderswo tauglich sind.

Bekannt ist die Formel von Blaise Pascal, die Geographie bestimme das Recht: »Drei Breitengrade näher zum Pol stellen die ganze Rechtswissenschaft auf den Kopf, ein Längengrad entscheidet über Wahrheit; nach wenigen Jahren der Gültigkeit ändern sich grundlegende Gesetze; das Recht hat seine Epochen, der Eintritt des Saturn in den Löwen kennzeichnet die Entstehung dieses oder jenes Verbrechens. Spaßhafte Gerechtigkeit, die ein Fluss begrenzt! Diesseits der Pyrenäen Wahrheit, jenseits Irrtum.«[5]

Recht ist relativ, so die Einsicht Blaise Pascals. Dies wird kaum zu bestreiten sein; der Hinweis auf die Pyrenäen könnte durch die Oder oder den Dnjepr ersetzt werden. Und doch ist der Glaube an ein für alle gelten-

4 BVerfG, Urteil des Zweiten Senats vom 05.05.2020, BVerfGE 154, 17 – 152 (PSPP-Urteil).

5 *Blaise Pascal, Œuvres complètes*, Paris Seuil, 1963, S. 507f. (Übersetzung: Blaise Pascal, übertragen und herausgegeben von Ewald Wasmuth, 5., vollständige neu bearbeitete und textlich erweiterte Auflage, Heidelberg 1954, S. 147f.)

des Völkerrecht, an europäische Werte und für ganz Europa verbindliche Normen ebenso machtvoll wie die Skepsis, die alles Gemeinsame in Frage stellt. Die Präambel zur Satzung des Europarats, einer internationalen Organisation, der 46 europäische Staaten – bis zum März 2022 waren es mit Russland 47 – angehören, bringt den Glauben an die gemeinsamen Werte in emphatischer Sprache zum Ausdruck und spricht von der »unerschütterlichen Verbundenheit mit den geistigen und sittlichen Werten, die das gemeinsame Erbe ihrer Völker und von jeher die Quelle für Freiheit der Einzelperson, politische Freiheit und Herrschaft des Rechts sind, jene Prinzipien, welche die Grundlage jeder wahren Demokratie bilden«.[6]

Ein »gemeinsames Erbe« reicht, so die Vorstellung des europäischen Einigungs- und Friedensprozesses, in die Vergangenheit zurück und ist Fundament für die Gegenwart. Und doch ist im Verhältnis zwischen dem Westen und dem Osten Europas die Auseinandersetzung darüber, ob es mehr Vereinendes oder mehr Trennendes gibt und wie man darüber souverän bestimmt, jahrhundertelang mit wechselnden Vorzeichen geführt worden und wird – zunehmend erbittert und verbittert – weitergeführt. Mal glaubt man daran, zusammenzugehören, mal scheint die Kluft zwischen »hier« und »dort« unüberwindbar.

6 Präambel der Satzung des Europarates, Amtliche Übersetzung Deutschlands, Sammlung der Europäischen Verträge Nr. 1, 5.V.1949.

Aus der Perspektive der Rechtswissenschaft – ebenso wie aus der Perspektive der Politik-, Geschichts- und Kulturwissenschaft – gab es im Jahr 1989/1990 einen tiefen Einschnitt, auch wenn etwa mit der Errichtung eines Verfassungsgerichts in Polen in den 80er Jahren Zeichen des Umbruchs vorab schon zu erkennen waren. Der Systemumbruch in Osteuropa war vor allem auch eine vollständige Umgestaltung des Rechts, der in manchen Bereichen mit einer Vollbremsung und einem Neustart vergleichbar war. Dass auch wirklich alles anders geworden wäre, wurde mit den neuen Normen dennoch nicht erreicht. Zum Teil wirkten die alten Strukturen einfach fort, zum Teil wurden die neuen Normen schon bald wieder ersetzt. All dies geschah in einem intensiven Dialog zwischen Juristen aus Ost und West, der sich allerdings dem anfänglichen Enthusiasmus zum Trotz als sehr schwierig gestaltete. Im wörtlichen wie im übertragenen Sinn war und ist man »lost in translation«.

Das Fremdeln beginnt bei der Sprache. Auch wenn dasselbe bezeichnet wird, ist nicht dasselbe gemeint. Die sprachlichen Wurzeln der Wörter legen tiefere Schichten von Überzeugungen und Voreinstellungen offen. So verweist das russische Wort für Staat, »gosudarstvo«, auf den Herrscher, den »gosudar«, ganz anders als etwa im Englischen (»state«), Französischen (»État«) oder Italienischen (»Stato«); damit wird nur ein Zustand bezeichnet, der als etwas Verfasstes inhaltsoffen ist. Im russischen Begriff dagegen bleibt das historische Diktum Ludwigs XIV. – »L'État, c'est moi« – für immer festgehalten. Den »authorities«, den Behörden, die über »auctoritas« verfügen, stehen im Russischen die »vlasti« gegenüber. »Vlast'« bedeutet Macht, impliziert ein Oben-unten-Verhältnis, ein Gehorchenmüssen, assoziativ eher mit wuchtigen, von Milizionären bewachten Verwaltungsgebäuden verbunden als mit offenen Schalterhallen, bei deren Zutritt man eine Nummer zieht, um die Wartezeit zu verkürzen.

Und auch wenn aus der »souveraineté« die »suwerenność« oder »суверенитет« geworden ist, so bleibt doch deutlich, dass die dahinterstehenden Konzepte importiert und nicht auf eigenem Boden gewachsen sind. Dies gilt auch für die modernen Catch-all-Begriffe »Demokratie«, »Rechtsstaat« und »Menschenrechte«. Sie dürfen in keiner der nach 1989 in Mittel- und Osteuropa neu ausgearbeiteten Verfassungen fehlen und scheinen doch keine Gewähr dafür zu bieten, dass dem verfassungsrechtlichen Etikett auch die Wirklichkeit entspricht. Vorherrschend ist vielmehr der Eindruck von einem Copy-and-Paste-Verhältnis zwischen »dem Westen« und »dem Osten« Europas, von Ideengebern im Westen und Epigonen im Osten, wobei Letztere die im Westen variantenreich entwickelten Konzepte, Ideen und Regelungen zwar aufgreifen, sie aber in ihrem Sinn abändern oder neu interpretieren. So werden Adjektive angefügt, die nicht qualifizieren, sondern den Sinn entstellen, etwa wenn, wie in Orbáns Ungarn, aus einer »Demokratie« eine »illiberale Demokratie«[7] oder in Putins Russ-

7 Viktor Orbán, Rede vom 26.07.2014 anlässlich des 25. Bálványos

land aus einer Demokratie eine »gelenkte Demokratie«[8] wird oder auch die »Vorherrschaft des Rechts« zur »Diktatur des Gesetzes« mutiert. Im Übrigen scheint zu gelten: Je weiter östlich, desto unüberbrückbarer die Gegensätze, desto größer das Vorbeiverstehen.

Geht es um grundlegende Begriffe des Völkerrechts wie etwa »Völkermord« und »Selbstverteidigung«, können aus Missverständnissen existenzielle Bedrohungen werden. Dies dokumentiert exemplarisch die Pressekonferenz des deutschen Bundeskanzlers Olaf Scholz und des russischen Präsidenten Putin am 16.2.2022 in Moskau, wenige Tage vor Beginn des Krieges. Dabei sprach Bundeskanzler Olaf Scholz von »unserer Generation«, die bisher noch keinen Krieg erlebt habe. Putin widersprach dieser Vorstellung von einem friedlichen Europa mit Verweis auf das Bombardement Belgrads durch die NATO im Jahr 1999. Scholz erwiderte knapp, der Einsatz der NATO sei aufgrund des drohenden Völkermords notwendig gewesen. »Völkermord« war für Putin das Stichwort, auf das er gewartet zu haben schien. Einen Völkermord an der russischsprachigen Bevölkerung, so seine Antwort, gelte es im Donbass zu verhindern, ein Vorwurf ohne jede Grundlage. Hinter dem Rechtsbegriff, so wie Putin ihn verwendete, stand kein Recht, sondern die Macht des Stärkeren, auch wenn er

Universitäts- und Studentencamps, https://budapestbeacon.com/full-text-of-viktor-orbans-speech-at-baile-tusnad-tusnadfurdo-of-26-july-2014/ (zuletzt aufgerufen am 08. März 2022).

8 Vgl. Vladislav Surkov, Nationalizacija buduščego, in: *Ekspert* 43 (20.11.2006), https://expert.ru/expert/2006/43/nacionalizaciya_buduschego (zuletzt aufgerufen am 08. März 2022).

damit zu versuchen schien, auf ein juristisches Argumentationsschema zuzugreifen, konkret auf die Idee der »humanitären Intervention«, die ein Völkermord nötig machen könnte. Selbst wenn (wofür es keine Erkenntnisse gibt) im Donbass ein Völkermord vorgelegen hätte oder zu befürchten gewesen wäre – dass das Bombardieren von in der Ferne liegenden Städten niemals zu rechtfertigen gewesen wäre, ist offensichtlich.

Die Ukraine nahm Putin aber in der Folge beim Wort und verklagte Russland vor dem Internationalen Gerichtshof in Den Haag auf der Grundlage der Völkermordkonvention, an die auch Russland gebunden ist. Russland ignorierte das Gerichtsverfahren und schickte keinen Vertreter nach Den Haag. Eine Erklärung wurde aber doch für notwendig gehalten. In einem an den Gerichtshof gerichteten Brief erklärte Russland, Putin habe von Völkermord nicht im technischen Sinn gesprochen, die Konvention sei nicht einschlägig. Dies war ein selten klares Bekenntnis zu einer nur propagandistischen Verwendung eines grundlegenden Begriffs des Völkerrechts. In derselben Weise gilt dies auch für den Verweis Putins auf Russlands Recht zur »Selbstverteidigung«. Auch dieser war zynisch, da es erkennbar keinen »Angriff« gegen Russland gab. Bei einem späteren Besuch des Generalsekretärs der Vereinten Nationen António Guterres in Moskau meinte dieser denn auch nur nüchtern, er sähe russische Soldaten in der Ukraine, aber keine ukrainischen Soldaten in Russland. Der Versuch der Absicherung des Unrechts im Recht aber zeigt, dass dem Recht auch in Putins Russland Bedeutung zuerkannt wird, auch wenn die Begriffe verdreht und in ihr Gegenteil verkehrt werden und diejenigen, die sie so verwenden, »bösgläubig« sind.

Urteile und Vorurteile

Im Westen überrascht eine derartige Instrumentalisierung des Rechts nicht wirklich. Es herrscht die Vorstellung vor – so man sich überhaupt eine Vorstellung macht –, dass man es in Russland nicht schaffe, Recht zu ordnen und zu kodifizieren, dass es gleichzeitig zu viel (ungeordnetes) und zu wenig (zugängliches) Recht gebe, dass Recht in aller Regel entweder missbraucht (Stichwort »Korruption«) oder aber so formalistisch ausgelegt werde, dass es sinnentfremdet wird und dass man oftmals schon nicht ernst meine, was man normiere. Der von Max Weber für Russland geprägte Begriff des »Scheinkonstitutionalismus«[9] hat Schule gemacht; alles Recht wird nur als Schein und Tarnung unbegrenzter Machtausübung gesehen.

Mit Blick auf diese Stereotype und auch die damit verbundene abwertende Arroganz des Westens Russland gegenüber verwundert es nicht, dass Russland mit dem Recht im Westen einerseits zwar das positive Bild von etwas Geordnetem, Hilfreichem, Nachahmenswertem, andererseits aber auch die Idee von Besserwisserei, ungerechtfertigter Kritik und Doppelmoral verbindet.

9 Max Weber, *Rußlands Übergang zum Scheinkonstitutionalismus*, Rußlandbericht 2, Fölbach 1998.

Noch weiter gehen jene, die das für den Westen charakteristische Rechtsdenken als etwas Seelenloses sehen, das zur inneren Verarmung führe. So meinte der russische Publizist Konstantin Aksakow bereits im Jahr 1855: »Schaut zum Westen. Die Völker haben sich von eitlen Wünschen fortreißen lassen, glaubten an die Möglichkeit einer Vervollkommnung der Regierung, haben Republiken geschaffen, Verfassungen gebaut und sind an der Seele verarmt, jederzeit bereit, zusammenzubrechen.«[10]

Der Wirklichkeit entsprechen diese Narrative allenfalls teilweise und zeitweise. Das rechtlich verfasste Europa ist ein vielfältiger und zerrissener Kontinent, der sich selbst manches Mal als Einheit und manches Mal als bruchstückhaftes Konstrukt denkt. Die juristische Geographie Europas ist vielgestaltig.

Rechtskulturelle Prägungen

Nun ist es aber nicht so, dass den wechselseitigen Vorstellungen nicht doch auch bestimmte Fakten zugrunde lägen. In der Tat war die Entwicklung des Rechts in Russland und im Westen Europas über lange Zeit sehr unterschiedlich. Nur war man nicht immer so einseitig bei der Rezeption wie in der Gegenwart.

10 Konstantin S. Aksakov, Dem Kaiser Alexander II. im Jahre 1855 vorgelegtes Memorandum »Über Russlands inneren Zustand«, in: Hans Ehrenberg (Hg.), *Östliches Christentum. Dokumente*. München 1923, Bd. 1, S. 88-120.

Sogar in einer Zeit, zu der in Westeuropa bereits John Lockes Traktate und Leibniz' aufklärerische Schriften erschienen, fand man noch, dass ein Blick auf das »Allgemeine Russische Landrecht« lohne: »Man findet darinnen verschiedene sehr gute Verordnungen in Kirchen-Militair-Civil und Policey-Sachen, und findet man auch im zehenden Kapitel eine Proceß-Ordnung, obgleich nicht zu läugnen, dass einige Strafen annoch etwas zu hart eingerichtet, welches, wie die Statuta überhaupt, nach Beschaffenheit des Moscowitischen Reiches anzusehen. Indessen, da auch vieles Gutes darinnen enthalten, so können dergleichen frembde Land-Rechte theils zur Ausbesserung des Einheimischen dienen.«[11]

Diese unvoreingenommene Neugierde dem Fremden gegenüber ist in der Gegenwart nicht mehr festzustellen. Die Überzeugung, selbst alles richtig zu machen und keinerlei Inspirationen von »den anderen« zu brauchen, ist in Russland ebenso ausgeprägt wie in Westeuropa.

Der Blick in die Geschichte kann aber auch erklären, warum die Einstellung dem Staat gegenüber sehr unterschiedlich, warum der Staat nicht überall gleichermaßen kreditwürdig ist, wenn er die Gesellschaft zu »regulieren« versucht. Dies ist in der Gegenwart nicht zuletzt während der Pandemie sichtbar geworden: Staatliche Impfangebote wurden in sehr unterschiedlicher Weise angenommen, Freiheitsbeschränkungen entweder re-

11 Burcard Gotthelff Struve, Vorrede Übersetzung des »Allgemeinen Russischen Land-Rechts« von Zar Aleksej Michailovič aus dem Jahr 1649, Danzig 1723.

signierend als »notwendig und verhältnismäßig« oder aber fatalistisch als »eine neue Schikane« empfunden. Auf die statistischen Angaben staatlicher Stellen zu Erkrankten und Toten vertraut man entweder oder eben nicht.

Die rechtskulturellen Prägungen, die sich in verschiedenen Gesellschaften über Jahrhunderte aufgebaut haben, sind nicht zu unterschätzen; rechtsgeschichtliche Entwicklungen bleiben nicht ohne Nachwirkungen. Nicht nur in England greift man auf Rechtsakte vergangener Jahrhunderte wie etwa auf den Act of Settlement von 1701 zurück, um zu rechtfertigen, dass die Zustimmung des Parlaments zum Brexit unverzichtbar ist.[12] Nicht in Gerichtsentscheidungen, wohl aber in Diskussionen ist es in Russland nicht unüblich, auf die Tatarenherrschaft zu verweisen, um die Fortdauer autoritären Regierens zu erklären.

Bedeutend ist vor allem der in Russland im Vergleich zum Westen geringere Einfluss der römischen Tradition bei der Herausbildung und dogmatischen Durchdringung des modernen Rechts, insbesondere, wenn es um die Schärfung der juristischen Begriffsbildung geht. In der 1755 gegründeten Lomonossow-Universität wurde römisches Recht zwar von ausländischen Professoren – auf Lateinisch! – unterrichtet, aber es blieb ohne nachhaltige Wirkung. Es führte nicht, wie in westeuropäischen Universitäten schon im Mittelalter, zu einer le-

12 United Kingdom Supreme Court, R (on the application of Miller and another) (respondents) v. Secretary of State for Exiting the European Union (appellant) (Rev 3) (2017) UKSC 5, British and Irish Legal Information Institute, 24.01.2017.

bendigen Diskussion über den Umgang mit und die Fortentwicklung von diesem Erbe.[13]

Was vor allem fehlt, ist die Systematisierung und Dogmatisierung des Rechtsstoffes. Die Schwierigkeiten und das wiederholte Scheitern der Kodifizierungsbemühungen in Russland sind symptomatisch für die Gegensätze zwischen dem, was als rückständiger Osten und als fortschrittlicher Westen empfunden wird: Hier der Code Civil, an den Napoleon selbst Hand angelegt hat und der mit seiner *clarté* über Jahrhunderte begeistert und in den entferntesten Winkeln der Welt Nachahmer gefunden hat, dort der russische Svod zakonow, den niemand kennt und auch nicht zu kennen braucht, so unbeeindruckend ist das unsystematische Auflisten einer Masse von Recht, die Bücherregale füllt, ohne die Wirklichkeit zu bestimmen. Dabei hatte die Aufgabe der Kodifizierung des Rechts höchste Priorität. Der so genannte Bolschoj Nakas von Katharina der Großen, die Instruktion der Kommission zur Aufstellung für ein neues Gesetzbuch, spricht für sich:

»In den ersten Jahren habe ich eingesehen, dass die große Wirrheit in Gericht und Prozess, folglich in der Rechtsprechung, in vielen Fällen durch den Mangel an gesetzlichen Regelungen entsteht, in anderen durch ihre große Zahl, die jeweils zu verschiedenen Zeiten erlassen wurden. Ebensowenig werden notwendige von provisorischen Gesetzen abgegrenzt, und vor allem ist durch lange Zeit und häufige Anwendung der Sinn, in

13 Michael Silnizki, *Die Geschichte des gelehrten Rechts in Russland – Jurisprudencija an den Universitäten des Russischen Reiches 1700-1835*, Frankfurt am Main 1997.

dem die früheren Gesetze erlassen worden sind, jetzt vielen unbekannt geworden.«[14]

Aber trotz einer zweijährigen Arbeit, trotz des Rückgriffs auf ausländische Autoren wie den berühmten Strafrechtler Beccaria, den Patron des modernen Strafrechts, oder auch auf Montesquieu blieb das Projekt ohne Wirkung. Es war realitätsfern, ließ die Grundlage der »Selbstherrschaft« unangetastet und blendete die schon damals als inakzeptabel empfundene Leibeigenschaft grundsätzlich aus.

Dass es in Russland in dieser Zeit – anders als im revolutionären Frankreich oder im gerade unabhängig gewordenen Amerika – kaum ein Verfassungsbewusstsein gab, zeigte sich während des Dekabristenaufstands 1825. Als die republikanischen Rädelsführer den Ruf nach einer »Konstituzija« laut werden ließen, glaubte das umstehende Volk, es handle sich dabei um die Frau des Thronfolgers Konstantin. Erst zu Beginn des 20. Jahrhunderts gestand der Zar seinem Volk widerwillig bürgerliche Grundrechte und ein Parlament zu. Dabei durften allerdings das »Oktobermanifest« von 1905 und das »Grundgesetz« von 1906 nicht einmal den Namen »Verfassung« tragen. Der Zar weigerte sich, einen Eid auf die Verfassung, die keine sein sollte, zu leisten.

Für das für Russland charakteristische Phänomen des Rechtsnihilismus gibt es im Westen keine Entsprechung. Die Skepsis gegenüber der Vorstellung, dass rechtliche Regelungen »gerecht« sein könnten, zieht sich in

14 Zitiert nach Herbert Küpper, *Einführung in die Rechtsgeschichte Osteuropas*, Frankfurt am Main 2005, S. 142.

Russland durch die Philosophie und Literatur. Richter werden zu willkürlich handelnden, gefühllosen Menschen stilisiert. So bildet etwa der Richter Matwei Nikititsch in Tolstojs Roman *Auferstehung* Quersummen aus den Zahlen der Aktenzeichen, um zu entscheiden, ob er für »schuldig« oder »unschuldig« votieren soll.

Rechtliche Innovationen ohne nachhaltige Resonanz

Aber Russland ist nicht mit Osteuropa gleichzusetzen. In Polen verläuft die Entwicklung völlig anders. So wird bei der Lobpreisung der französischen und amerikanischen Verfassungen vom Ende des 18. Jahrhunderts immer gerne unterschlagen, dass in Polen-Litauen früher als in Frankreich eine Verfassung ausgearbeitet wurde – die Verfassung von 1791, der zu Ehren des 3. Mai noch immer der polnische Nationalfeiertag ist. Allerdings stand diese erste Verfassung unter einem unglücklichen Stern. Sie war zwar von aufklärerischen Ideen inspiriert, aber doch nicht revolutionär genug, um, wie die französische Verfassung, als Modell die weitere Verfassungsgeschichte zu prägen. Zugleich war sie zu revolutionär, um nicht im noch absolutistischen Europa als Bedrohung empfunden zu werden; nur zwei Jahre nach der Verabschiedung der Verfassung folgte die zweite polnische Teilung. Mit der dritten polnischen Teilung verschwand Polen als eigenständiger Staat für mehr als ein Jahrhundert von der politischen Landkarte Europas, so dass es auch keine eigenständige Rechtsentwicklung mehr geben konnte. Allerdings entwickelte man im 20. Jahrhundert eine Meisterschaft darin, aus dem verschiedenen rechtlichen Erbe der einzelnen Teilungsgebiete – dem russischen, dem österreichischen und dem deutschen Recht – wieder ein Ganzes zu formen oder mit Kollisionsnormen die unterschiedlichen Teile miteinander abzustimmen.

Und noch ein anderer Staat in Osteuropa hat eine beachtliche verfassungsrechtliche Tradition, die in den Standardwerken zur Verfassungsgeschichte beharrlich ignoriert wird – die Ukraine. Im Jahr 1710 wurde die erste Verfassung des ukrainischen Hetmanats, auf Ukrainisch »Konstitucija Ukrainskoj Getmanskoj Deržavi«, auf Lateinisch: »Pacta et constitutiones legum libertatumque Exercitus Zaporoviensis«, verfasst. Es handelt sich allerdings um eine Verfassung im Exil. Pylyp Orlyk, der sich zur Einschränkung seiner Souveränität verpflichtete, verfügte zu diesem Zeitpunkt, nachdem die Ukrainer zusammen mit den Schweden im Nordischen Krieg eine Niederlage erlitten hatte, über keine Macht mehr. Dennoch ist diese Verfassung, die die gegenseitigen Rechte von Pylyp Orlyk und den Saporoger Kosaken festlegt, ein historisch aufsehenerregendes Dokument. Es ist ein Dokument der Hoffnung, da es den Umgang mit Freiheit zu normieren versucht, so man sie denn wiedererlangt. Daher findet sich in dem Text die immer wiederkehrende Formel: »wenn man, mit Gottes Hilfe, das russische Joch abgeworfen hat«. Die Verfassung enthält wichtige Regeln zu dem, was man in der Gegenwart »Staatsorganisationsrecht« nennen würde, etwa zu gewaltenteiligen Regelungen zu Justiz, Exekutive und Schatzmeister und zur Bildung eines Staatsrats. Zudem sind mit Regeln zum Schutz vor Zwangsarbeit, Ausbeutung und Korruption auch Bestimmungen aufgenommen, die grundrechtliches Denken offenbaren. Besonders interessant ist das Recht zur Gegenrede gegen den Herrscher, wenn er Entscheidungen trifft, die gegen das Gemeinwohl gerichtet sind, und die Bestimmung gegen übermäßige Gastgeschenke. Die Passagen, die die Beziehungen zwischen Russland und der Ukraine beschreiben, erinnern an die Gegenwart:

»Aber nach dem Tode des Hetmans seligen Andenkens Bohdan Chmelnyzkyj suchte dasselbe Moskau mit allen möglichen Mitteln und Wegen die Rechte und Freiheiten, die es selbst billigte, einzuschränken, sie ganz abzuschaffen und das freie Volk der Kosaken, das es nicht mit Waffengewalt erobern konnte, heimtückisch in die Knechtschaft zu treiben. Wie oft das Saporoger Heer auch solche Schandtaten erlebt haben mag, so war es doch gezwungen, die Unverletzlichkeit seiner Rechte und Freiheiten mit seinem eigenen Blut und seinem kühnen Mut zu verteidigen.«[15]

Rechtsexporte mit schlechtem Marketing

Nichts wäre unzutreffender, als die Rolle Osteuropas und »der Osteuropäer« im Recht ausschließlich als die der »zu spät Gekommenen« zu sehen, die immer nur

15 Natal'ja Timofeeva (Hg.), Konstytucja Filippa Orlyka. Tiraspol 2010, S. 23. Übersetzt von AN.

empfangen und nicht selbst erfinden. Sehr wohl gab es auch im 19. und 20. Jahrhundert Rechtsideen, die aus Osteuropa in die Welt hinausgezogen sind und die Welt verändert haben. Nur war das Marketing, wie es scheint, defizitär. Dies gilt etwa für die Ausarbeitung moderner Regeln des humanitären Völkerrechts in Russland im späten Zarenreich, die in Petersburg ihren Ausgang nahm und vor allem durch den estnisch-russischen Juristen Fjodor Martens geprägt wurde. Bekannt sind die – mittlerweile weltweit anerkannten – Regeln des Kriegsrechts, die Kriege »humaner« machen sollen, allerdings unter den Begriffen »Haager Konventionen« und »Genfer Konventionen«; die Petersburger Vorbereitungsarbeit ist in den Hintergrund getreten.[16] Dasselbe gilt für den Einfluss Sowjetrusslands auf die Nürnberger Prozesse, mit denen die Grundlage für die strafrechtliche Verantwortung für Kriegsverbrecher gelegt wurde. Hier wird immer der Einfluss der Amerikaner auf die Durchführung eines fairen Verfahrens hervorgehoben. Nürnberg wird als Projekt und Erfolg der Amerikaner rezipiert. Welch großen Einfluss Sowjetrussland aber auf das Zustandekommen des Prozesses sowie auch auf seine inhaltliche Ausgestaltung nahm, hat erst in jüngster Zeit die amerikanische Historikerin Francine Hirsch herausgestellt; ihr Buch bezeichnet dies als »untold story«.[17] Die Konvention über die Verhütung und Bestrafung des

16 Vgl. dazu Michael Riepl, *Russian Contributions to International Humanitarian Law*, Baden-Baden 2022.

17 Francine Hirsch, *Soviet Judgment at Nuremberg. A New History of the International Military Tribunal after World War II*, Oxford 2020, S. 1.

Völkermordes ist der Spiegel osteuropäischen Leidens; der Begriff des »Genozids« sowie auch der Konventionstext wurden von dem polnischen, in die USA geflohenen Juristen Raphael Lemkin vorgedacht.

Im Krieg Russlands gegen die Ukraine werden Zivilisten zu Zielscheiben militärischer Angriffe gemacht und damit die fundamentalen Regeln des humanitären Rechts missachtet. Dass die russische Führung sich sicher zu sein scheint, nicht selbst wegen ihres Angriffskriegs vor ein Nürnberger Tribunal gebracht zu werden, und sich doch bereits in den ersten Kriegstagen vor dem Internationalen Gerichtshof wegen Verstößen gegen die Völkermordkonvention verantworten muss,[18] scheint fast eine Ironie der Geschichte zu sein: Gerade an die Regeln, zu deren Entstehung man maßgeblich beigetragen hat, will man sich nicht halten. Ein weiteres Beispiel für eine epochemachende Neuerung, die im Osten Europas erstmals erprobt, dann aber dem Westen zugeschrieben wurde, ist die Verfassungsgerichtsbarkeit. Die Idee geht auf den österreichischen Juristen Hans Kelsen zurück; umgesetzt wurde sie aber erstmals in der Tschechoslowakei mit der Gründung des tschechoslowakischen Verfassungsgerichts im Jahr 1920.

Der polnische Premierminister Mateusz Morawiecki hat nach der Veröffentlichung des von vielen für den

18 Vgl. Allegations of Genocide Under the Convention on the Prevention and Punishment of the Crime of Genocide (Ukraine v. Russian Federation): »Order on Provisional Measures«, International Court of Justice. 16 March 2022; https://www.icj-cij.org/public/files/case-related/182/182-20220316-ORD-01-00-EN.pdf.

Vorboten eines »Polexit« gehaltenen Urteils des polnischen Verfassungsgerichts zum Verhältnis von EU-Recht und nationalem Recht[19] eine Rede vor dem Europäischen Parlament gehalten. Darin verwies er auf die polnische demokratische Tradition und beschwerte sich über die unfaire Haltung der anderen EU-Staaten seinem Land gegenüber:

»Wir sind ein stolzes Land. Polen ist eines der Länder mit der längsten Geschichte von Staatlichkeit und Demokratie. [...]

Wir werden in paternalistischer Weise belehrt über Demokratie und Rechtsstaatlichkeit, darüber, wie wir unsere Heimat gestalten sollen, dass wir falsche Entscheidungen treffen, dass wir zu unreif sind, dass unsere Demokratie angeblich ›jung‹ ist – das ist ein fatales Narrativ, das hier von manchen gewählt wird. Polen hat eine lange demokratische Tradition. In der Tat auch eine Tradition der ›Solidarität‹.«

Sanktionen, Repressionen der wirtschaftlich stärkeren Länder gegenüber denjenigen, die noch immer damit kämpfen, auf der falschen Seite des Eisernen Vorhangs gestanden zu haben – das ist nicht der richtige Weg. Wir müssen aller Konsequenzen gewahr sein.

»Polen respektiert die Grundprinzipien der Union, aber es wird sich nicht einschüchtern lassen. Polen erwartet, darüber in einen Dialog einzutreten.«[20]

19 Polnischer Verfassungsgerichtshof, Urteil K 3/21 vom 07.10.2021.

20 Rede des polnischen Premierministers Morawiecki vom 19.01.2021, https://www.gov.pl/web/primeminister/statement-by-prime-minister-mateusz-morawiecki-in-the-european-parliament (zuletzt aufgerufen am 08. März 2022).

Dieser Teil seiner Rede, in der er auch den Vorschlag macht, neben dem Europäischen Gerichtshof einen aus Verfassungsrichtern aller Mitgliedsstaaten zusammengesetzten zweiten Gerichtshof zu schaffen, wurde in den westlichen Medien nicht zitiert; seine Ausführungen wurden auf die Aussage zum Vorrang der polnischen Verfassung vor den EU-Verträgen reduziert. Dass eine differenzierte Berichterstattung über die Argumente diesseits und jenseits der Oder unterbleibt, hat an der Misere der Europäischen Union und ihrer juristischen Ost-West-Spaltung einen großen Anteil. Umgekehrt lässt sich allerdings auch argumentieren: Mit dem polnischen Verfassungsgerichtsurteil, durch das – mit bindender Wirkung – wichtigen Prinzipien des EU-Rechts die Anwendbarkeit in Polen abgesprochen wurde, haben die polnischen Richterinnen und Richter Fakten geschaffen, die gegen eine Fortsetzung des Dialogs gerichtet sind.

Zynismus und Recht in der Zeit des Sozialismus

Ganz gleich wie hochstehend die Rechtskultur auch gewesen sein mag, prägend war, und dies erwähnt auch der polnische Premierminister in seiner Rede, für alle Staaten Mittel- und Osteuropas die Zeit des Kommunismus, in der Recht zum beliebig einsetzbaren Instrument wurde. Es sollte absterben und wurde doch mit aller Härte durchgesetzt. Dass in der Stalin-Verfassung genau zu der Zeit, als die Säuberungen und der »rote Terror« sich auf einen Höhepunkt zubewegten, erstmals

Grund- und Menschenrechte garantiert wurden, dürfte die Nichtigkeit derartiger feierlicher Versprechungen in das kollektive Gedächtnis eingebrannt haben. Dies galt für den gesamten sogenannten Ostblock, in dem das sowjetische Modell nach 1945 zwangsweise eingeführt wurde.

Allerdings lohnt auch hier ein genauerer Blick. Denn auch wenn die Versprechen in der Stalin-Verfassung leer waren, so ist doch bedeutend, was nicht versprochen wurde. Den sowjetischen Freiheitsrechten lag nicht die liberale Vorstellung zugrunde, jeder könne frei handeln, wenn dabei niemand zu Schaden komme. Vielmehr wurden auch die »klassischen« Freiheiten nur gewährt, um das Kollektiv zu verstärken:

»In Übereinstimmung mit den Interessen der Werktätigen und zur Festigung der sozialistischen Ordnung werden den Bürgern der UdSSR durch das Gesetz garantiert:
a) die Redefreiheit; b) die Pressefreiheit; c) die Kundgebungs- und Versammlungsfreiheit; d) die Freiheit der Durchführung von Straßenumzügen und -demonstrationen.«[21]

Auch wurde nie Rechtsstaatlichkeit oder »rule of law« garantiert. Diese Begriffe finden sich nicht in den Verfassungen der Ostblockstaaten, auch nicht in jenen, die auf die ersten, nach der Stalin-Verfassung modellierten Verfassungen folgten. Es war offensichtlich, dass die dem

21 Art. 125 der Verfassung (Grundgesetz) der Union der Sozialistischen Sowjetrepubliken, angenommen durch Beschluss des außerordentlichen VIII. Sowjetkongresses der Union der Sozialistischen Sowjetrepubliken vom 05.12.1936.

kommunistischen System inhärente Idee einer »revolutionären Gesetzlichkeit« oder »sozialistischen Gesetzlichkeit« nicht vereinbar gewesen wäre mit den Vorstellungen von Rechtssicherheit, umfassendem Rechtsschutz und Unabhängigkeit der Justiz, wie sie im Westen, vornehmlich in der deutschen rechtswissenschaftlichen Diskussion und in Großbritannien, entwickelt wurden.

Der Begriff der Demokratie tauchte zwar auf, aber in einem anderen Sinne als im Westen. Die kommunistischen Parteien nahmen für sich in Anspruch, bereits besser über die Interessen der Arbeiter und Bauern informiert zu sein als diese selbst. Deshalb war auch kein politischer Aushandlungsprozess nötig. Die Partei nahm die Interessen des »Volkes« wahr und übte so eine »wahre Demokratie« aus. Aus diesem Grund nannten sich die Staaten des Ostblocks in einem seltsamen Pleonasmus »Volksdemokratien«. Die westlichen Demokratien erschienen aus dieser Perspektive als von der Bourgeoisie manipulierte und vom Kapital gesteuerte Unterdrückungsmaschinen.

Die Klammer »Ostblock« hat sicherlich wesentlich daran Anteil, dass im Westen die Länder des östlichen Europas als eine Einheit gesehen wurden. In der Tat wurden in den Jahren zwischen dem Ende des Zweiten Weltkriegs und dem Jahr 1989 rechtliche Regelungen innerhalb der Ostblockstaaten oftmals weniger transferiert als oktroyiert. Die Vereinheitlichung des Rechts war kein freiwilliges Projekt. Dennoch gab es Unterschiede in Theorie und Praxis. Wie bunt und vielfältig das jeweilige juristische Erbe unter der grauen Oberfläche des Einheitlich-Normierten war, zeigte sich sehr bald nach dem Beginn der Perestroika. Aufgebaut worden war vieles en bloc, umbauen wollte jeder auf seine Weise. Die Breschnjew-Doktrin, die eine sowjetische Vorherrschaft für den gesamten Ostblock festgelegt hatte, wurde abgelöst durch eine »Sinatra-Doktrin«, wie es ein Pressesprecher Gorbatschows augenzwinkernd ausdrückte: »You know the Frank Sinatra song ›I Did It My Way‹? Poland and Hungary are now doing it their way. I think the ›Brezhnev Doctrine‹ is dead.«[22]

Neuanfang und Rückwärtsbewegungen

Im Westen freute man sich, dass mit der Wende, mit dem, was man im Osten »Revolutionen« nannte, sich alles – und damit auch das Recht – grundlegend änderte, verstand aber wohl doch nicht wirklich, was vor sich ging. Für die Illusion vom Triumphzug des westlichen, auf liberaler Demokratie und Kapitalismus aufbauenden Staats- und Gesellschaftsmodells ist die Formel vom »Ende der Geschichte« zum Signum geworden. Dass sie falsch war, hat man schnell eingesehen; damit, wie falsch sie war, setzt man sich noch immer auseinander. Die Geschichte von Nachahmen und Neuerfinden, von Austausch und Zurückweisung, von Trial and Error, von Nicht-Verstehen und Nicht-verstehen-Wollen endete nicht mit dem Untergang des Ostblocks, sondern be-

22 Christopher Jones, Gorbačevs Militärdoktrin und das Ende des Warschauer Paktes, in: Torsten Diedrich, Winfried Heinemann, Christian F. Ostermann (Hg.), *Der Warschauer Pakt. Von der Gründung bis zum Zusammenbruch 1955-1991*, Berlin 2009, S. 257.

gann vielmehr von Neuem. Dass aus einem Miteinander in vielerlei Hinsicht wieder ein Gegeneinander geworden ist, muss letztlich nicht verwundern, zu naiv war das Vorgehen der Beteiligten – und dies auf beiden Seiten der nun nicht mehr existierenden Berliner Mauer.

Alles sollte anders werden, vieles wurde es auch. Blickt man allerdings nach dreißig Jahren zurück, scheinen die Reformen nicht geradlinig ein Ziel zu verfolgen, sondern erstaunliche Kehrtwendungen zu nehmen. Auf den Ausgangspunkt führen sie nicht mehr zurück, wohl aber gibt es Vorwärts- und Rückwärts- und manches Mal auch Kreisbewegungen.

So war das Aufschneiden der Grenzzäune zwischen Ungarn und Österreich ein erstes sichtbares Zeichen der Wende. In der Gegenwart aber errichtet man an der ungarischen Grenze zu Serbien und an den polnischen und litauischen Grenzen zu Belarus wieder Zäune und streitet über die menschenwürdige Behandlung der dort gestrandeten Flüchtlinge.

Gelder flossen von West nach Ost, um eine starke und vielfältige Zivilgesellschaft aufzubauen. Jenen, die nun noch Gelder aus dem Ausland bekommen, wird in Staaten wie Russland der Stempel »Agenten« aufgedrückt; sie werden gesellschaftlich geächtet und müssen, wenn sie die mit ihrem Status verbundenen bürokratischen Regeln nicht einhalten, strafrechtliche Sanktionen befürchten.[23]

23 Agentengesetz, wörtlich: Gesetz über nicht-kommerzielle Organisationen Nr. 121-FZ vom 13.07.2012; für verfassungsmäßig befunden vom Verfassungsgericht der Russischen Föderation, Urteil Nr. 10-P vom 08.04.2012; bis in die Gegenwart wurde

Die Begrenzung von Macht war das Ziel aller verfassungsrechtlichen Neukonzeptionen. Und doch halten jene, die in den unklaren Umbruchzeiten an die Regierung kamen, die Macht oftmals noch in den eigenen Händen oder haben sie an »nahe Hände« abgegeben, etwa in Aserbaidschan vom Vater auf den Sohn.

Die »Telefonjustiz« war eines der Schandmale unfreier Gesellschaften; die Unabhängigkeit der Justiz eine der ersten Forderungen der Reformer. Nun ist auch dies zu einem Dauerstreitthema mit bitteren Konsequenzen geworden. In einem »Justizkrieg« wird die Legitimität von Gerichten nicht mehr anerkannt oder ihre Urteile werden als »ultra vires« abgelehnt. Man schneidet sich auf dem internationalen Parkett. Und mit der Annexion der Krim wurden auch die Hoffnungen auf eine universelle Anerkennung der völkerrechtlichen Grundprinzipien begraben, ganz zu schweigen von dem gegen das Gewaltverbot als zentralen Grundsatz der UN-Charta verstoßenden Angriffskrieg gegen die Ukraine, der das moderne Völkerrecht in seinen Grundfesten erschütterte.

Will man die Gegensätze zwischen Ost und West in offiziellen Dokumenten freundlich ausdrücken, so hat sich eingebürgert, von »alten« und »neuen« Demokratien zu sprechen. Aber der Gegensatz von »alt« und »neu« vermag nichts zu erklären. Vielmehr stehen sich Gesell-

das Gesetz vielfach geändert und die Regelungen zulasten der Zivilgesellschaft verschärft; vgl. dazu das Gutachten der Venedig-kommission CDL-AD(2014)025 vom 27.06.2014, CDL-AD(2021)027 vom 06.07.2021 sowie das Urteil des EGMR (Europäischer Gerichtshof für Menschenrechte) Ecodefence u.a.v. Russland, 14.06.2022 (Nr. 9988/13).

schaften, deren rechtliche Verfasstheit als adäquat bestätigt wurde, und Gesellschaften, deren System und Organisation grundsätzlich in Frage gestellt wurden, gegenüber. Für die Selbstgewissen auf der einen und die Verunsicherten auf der anderen Seite ist es schwer, eine gemeinsame Sprache zu finden. Aber auch »die Neuen« gingen sehr unterschiedlich mit den aus dem Westen stammenden Modellen um. Für Staaten wie die Ukraine war Demokratie jahrzehntelang ein permanenter Selbstversuch mit immer neuen Ansätzen, für andere Staaten wie Aserbaidschan oder Russland ein Deckmäntelchen, dem bereits mit Wahlen, wie auch immer sie durchgeführt werden, entsprochen wird. Was Putin von Demokratie hält, machte er in seiner Kriegsrede vom 21. Februar 2022 sehr deutlich. Bezogen auf die erste Phase der Transition sprach er von dem »oberflächlichen und populistischen Geschwätz über Demokratie und eine glückliche Zukunft«.[24]

Dynamik des Umbruchs

Der Umbruch Ende der 80er, Anfang der 90er Jahre lässt sich am besten als Bilderstrecke darstellen – Menschen, die auf der Berliner Mauer feiern, und Schlangen von Trabis, die in den Westen fahren, schon zuvor der Runde Tisch in Polen, an dem die kommunistischen

24 Ansprache des russischen Präsidenten Putin vom 21.02.2022, http://en.kremlin.ru/events/president/news/67828 (zuletzt aufgerufen am 06. März 2022).

Funktionäre neben den Vertretern der Zivilgesellschaft sitzen, und noch früher das Treffen von Michail Gorbatschow mit Ronald Reagan und ihren Frauen Raissa und Nancy in Reykjavík. Die Änderungen des Rechts sind weniger plakativ und doch nicht weniger bedeutsam – die Streichung des Artikels von der Vorherrschaft der kommunistischen Partei in der sowjetischen Verfassung 1990, die Abschlüsse von Verträgen zur guten Nachbarschaft, die Beitritte zu internationalen Organisationen und die Ratifizierung der grundlegenden Konventionen. Damals schien ein geradliniger Weg von einer sozialistischen Vergangenheit in eine rechtsstaatlich-demokratisch-marktwirtschaftliche Zukunft vorgezeichnet zu sein.

Die Wirklichkeit war allerdings komplexer. Die Rechtsentwicklung gestaltete sich als eine ständige Abfolge von Trial and Error. Zu Beginn der Perestroika wollte man sich keineswegs dem Westen annähern, sondern suchte einen eigenständigen Weg. Gorbatschows Idee war die Rückbesinnung auf Lenin, seine Kritik richtete sich dagegen, dass man die wahre Lehre falsch verstanden und nicht richtig umgesetzt habe. Aber umso mehr man Kritik zuließ, desto mehr richtete sie sich gegen das System als solches. Die neue mit dem Schlagwort »Glasnost« geforderte Transparenz bedeutete auch, sich mit dem Westen zu vergleichen, und dort schien alles besser zu sein. So wollte man das Fremde übernehmen, ohne das Eigene aufzugeben, und machte etwa aus dem »Rechtsstaat« einen »sozialistischen Rechtsstaat«[25]. Diese Neu-

25 Erstmals verwendet auf der 19. Unionsparteikonferenz der Kom-

schaffungen hielten aber dem Schwung der Zeit nicht stand. Auch das »Herumdoktern« an der Verfassung war nicht erfolgversprechend. Bald merkte man, dass Anfang und Ende des immer wieder neu umgeschriebenen Textes nicht zusammenpassten. Dass dann aber nicht nur die sowjetische Breschnjew-Verfassung von 1977 durch eine neue Verfassung, sondern auch der gesamte Staat Sowjetunion durch eine Vielzahl neuer Staaten ersetzt würde, war wohl von niemandem vorhergesehen worden. Die Ereignisse überschlugen sich. Das Problem war, dass Identitäten verloren gingen, ohne dass sie wirklich von neuen Identitäten ersetzt worden wären. Gorbatschow – »Rasruschitel«, Gorbatschow – der »Zerstörer« ist das Attribut, das ihm bis heute anhaftet.

Originale und Kopien

Umsturz und Umbau wurden vom Westen intensiv gefördert mit Heerscharen von »Beratern«, die sich aber auch im egoistischen Interesse einen Wettlauf lieferten, wenn es etwa um US-amerikanischen oder europäischen Einfluss ging. Denn wer seine Rechtsideen erfolgreich verkauft, erschließt sich Märkte. Der Missionseifer des Westens war deshalb keineswegs nur altruistisch. Zudem war es eine – wenn auch gut gemeinte – Anmaßung,

munistischen Partei der UdSSR im Jahr 1988, KPdSU, Thesen des Zentralkomitees der KPdSU zum 19. Unionsparteitag, in: *Die KPdSU in Resolutionen, Entscheidungen der Kongresse, Konferenzen und Plena des Zentralkomitees* (russ.), Moskau 1989, S. 611.

von außen beurteilen zu wollen, welche Modelle für die Neuordnung die geeignetsten wären. Man pries an, was man am besten kannte, und das war in aller Regel das jeweils Eigene.

Umgekehrt hatte man in den Staaten Mittel- und Osteuropas den Anspruch, die modernsten und besten Verfassungen und Gesetze zu übernehmen, ob sie nun passten oder nicht. »Copy & Paste« war hoch im Kurs. Schrieb man ohne Rücksicht auf die eigene Tradition und Geschichte sowie auch auf die Machbarkeit und Vermittelbarkeit der rechtlichen Regelungen »das Beste« nieder, setzte man sich am wenigsten der Kritik aus, rückständig zu sein, und kam dem Ziel einer Rückkehr in den »Kreis der zivilisierten Länder« am schnellsten nahe. Die Zeit drängte zur Oberflächlichkeit, zum Annehmen dessen, was angeboten wurde, auch wenn es nicht wirklich passte. So taucht zu Beginn der russischen Verfassung von 1993 mit folgender Bestimmung eine Paraphrase des berühmten ersten Artikels des deutschen Grundgesetzes auf: »Der Mensch, seine Rechte und Freiheiten bilden die höchsten Werte. Anerkennung, Wahrung und Schutz der Rechte und Freiheiten des Menschen und Bürgers sind Verpflichtung des Staates.« Sogar das deutsche Föderalismusmodell wurde in der russischen Verfassung von 1993 übernommen, obwohl für das Land, so Putins Kommentar im Jahr 2022, eine zentralistische Führung unausweichlich sei. In seiner Kriegsrede vom Februar 2022 setzt er sich mit dem in der sowjetischen Verfassung verankerten Modell, das den einzelnen Republiken ein Austrittsrecht aus dem Gesamtstaat zugestand, auseinander und führt aus: »Aber das Leben selbst zeigte sofort, dass man ein so großes und schwieriges Territorium weder erhalten noch regieren kann nach den vorgeschlagenen amorphen, de facto konföderativen Prinzipien. Sie waren einfach von der Wirklichkeit und von der historischen Tradition abgekoppelt.«[26]

Interessanterweise erwiesen sich die Kopien manches Mal als weltoffener und zukunftsweisender als die Originale. So fand in die russische Verfassung von 1993 eine Klausel Eingang, nach der ratifizierte internationale Verträge in jedem Fall Vorrang vor russischen Gesetzen haben. Nach dem deutschen Grundgesetz wird dagegen kein Vorrang eingeräumt; Gesetze und Verträge stehen auf gleicher hierarchischer Ebene. Und auch international normierten Menschenrechten wurde in der russischen Verfassung ein besonderer Status zuerkannt. Im Sommer 2020 trat allerdings eine Verfassungsänderung in Kraft, nach der das russische Verfassungsgericht die Kompetenz erhält, Urteile internationaler Organe für verfassungswidrig zu erklären; der Artikel zur Vorrangstellung internationaler Verträge wurde abgeändert. Auch hier berief man sich auf ein ausländisches Vorbild, das aber nicht in dieser Weise als ein Vorbild verstanden werden wollte – das Bundesverfassungsgericht, das in seiner berühmten »Görgülü-Entscheidung« aus dem Jahr 2004 davon gesprochen hatte, das Grundgesetz verzichte nicht »auf die in dem letzten Wort der

26 Ansprache des russischen Präsidenten Putin vom 21.02.2022, http://en.kremlin.ru/events/president/news/67828 (zuletzt aufgerufen am 06. März 2022).

deutschen Verfassung liegende Souveränität«.[27] Diesen Ausspruch hat man in Russland mehr als wörtlich genommen.

Ob aus Verfassungstexten auch Verfassungswirklichkeit wird, ist grundsätzlich eine schwierige Frage. Bei dem in Russland dem deutschen Recht nachgebildeten Föderalismusmodell mit per Katalog an Zentrum und föderale Subjekte verteilten Kompetenzen war das Scheitern allerdings von Anfang an vorprogrammiert. Vorübergehend vermochten in den 90er Jahren zwar die starken, von der Bevölkerung unmittelbar gewählten Gouverneure ein Gegengewicht zur zentralistischen Regierung in Moskau zu bilden. Als Putin dies aber 2004 im Handstreich änderte und verfügte, dass er die Gouverneure selbst bestimmen könne und das Verfassungsgericht sich der Neuerung nicht entgegenstellte,[28] blieb der Föderalismus als leere Hülse auf dem Papier stehen. Im Grunde war dies der erste entscheidende Schritt zur Rezentralisierung der Macht, der knapp zwanzig Jahre später zurück in die Diktatur führte.

Beim Anschluss an internationale und europäische Organisationen ging es für die oftmals gerade erst in die Unabhängigkeit entlassenen Staaten Mittel- und Osteuropas um Zugehörigkeit und Gleichberechtigung. Völkerrechtliche Verträge wurden so oftmals ratifiziert, um guten Willen zu zeigen, ohne auf die Folgen zu achten, dies auch dann, wenn die westeuropäischen Staaten

27 BVerfG, Urteil des Zweiten Senats vom 14.10.2004, BVerfGE 111, 307, Rn. 35.

28 Verfassungsgericht der Russischen Föderation, Urteil Nr. 13-P vom 21.12.2005.

die entsprechenden Verträge nicht ratifiziert hatten. Quantität ging über Qualität. So hatte der Europarat etwa ein Ergänzungsprotokoll zur Europäischen Menschenrechtskonvention aufgelegt, das eine umfassende – von der Rechtsprechung auf alle Lebensbereiche anwendbare – Gleichheitsgarantie enthielt.[29] Weniger als die Hälfte der Staaten des Europarats waren bereit, dieses Protokoll zu ratifizieren; darunter aber waren die Ukraine, Serbien, Rumänien, Nordmazedonien, Montenegro, Armenien, Georgien, Slowenien, Kroatien und Bosnien-Herzegowina, da es ihnen allen darum ging, guten Willen zu zeigen. Frankreich und das Vereinigte Königreich haben das Protokoll noch nicht einmal paraphiert, Deutschland hat es nicht ratifiziert.

Eine gewisse Doppelmoral, die sich später rächen sollte, zeigte sich auch bei der Vorbereitung auf den Beitritt zur Europäischen Union. Die Voraussetzungen für den Beitritt wurden mit den so genannten Kopenhagener Kriterien festgeschrieben. Gefordert wurde nicht nur eine stabile Marktwirtschaft, sondern auch »eine institutionelle Stabilität als Garantie für demokratische und rechtsstaatliche Ordnung, für die Wahrung der Menschenrechte sowie die Achtung und den Schutz von Minderheiten«. Von den »Neuen« wurde dies gefordert und überprüft, nicht aber bei den »Alten«. Als aus den »Neuen« »Alte« wurden, gab es kein Instrument mehr, um sie an die rechtsstaatliche Kandare zu nehmen. Die Vorstellung »einmal rechtsstaatlich – immer rechtsstaat-

29 Protokoll Nr. 12 zur Konvention zum Schutze der Menschenrechte und Grundfreiheiten (Nr. 177) (04.11.2000).

lich« erwies sich aber als Illusion. Erst spät hat man begonnen umzudenken. Die Antwort auf die Rechtsstaatskrise in Polen und Ungarn war die Einführung eines auch mit finanziellen Sanktionen ausgestatteten Rechtsstaatsmechanismus, den man nach langem Zögern und gerichtlicher Absicherung erstmals 2022 gegen Ungarn einsetzte. Zugleich wird mit Blick auf den Antrag der Ukraine, Mitglied der Europäischen Union zu werden, diskutiert, die Türe auch dann zu öffnen, wenn die Kopenhagener Kriterien nicht wirklich eingehalten werden. Zusammengehörigkeit ist wichtiger als formale Kriterien, Gefühl geht vor Recht – zumindest ist dies der Eindruck, der mit ersten Reaktionen vermittelt wird. Ob den Versprechen auch Taten folgen, muss sich erst zeigen.

Tradition und Reform

Anders als in den Zeiten des Ostblocks war in den Zeiten der Transformation deutlich geworden, wie unterschiedlich die einzelnen Rechtssysteme waren. Dass es keinen Osten im Sinne eines politischen Blocks mehr gab, war offensichtlich. Auch wenn zu Beginn der 90er Jahre alle vorgaben, zu dem bereits von Breschnjew erwähnten und von Gorbatschow beschworenen »europäischen Haus« gehören zu wollen, führte die politische Marschrichtung doch sehr bald in unterschiedliche Richtungen. Die Sicht der baltischen Staaten war, dass sie eigentlich schon immer zum Westen gehört hatten und nur aufgrund des Hitler-Stalin-Pakts in ungerechter Weise von dem abgeschnitten wurden, was ihre kulturell-politische Heimat gewesen wäre. Sie sahen die Reformen als eine Rückkehr zu der staatlichen Entwicklung, die gewaltsam unterbrochen worden war. Beim Verfassungsgebungsprozess konnten die baltischen Staaten auf ihre Vorkriegsverfassungen zurückgreifen. In anderen Teilen des sich plötzlich selbst bestimmenden Ostens fehlte dagegen weitgehend ein eigenstaatliches Erbe, so etwa in der Ukraine oder in Belarus, Staaten, deren Unabhängigkeit schon Jahrhunderte zurücklag. Hier galt es alles neu aufzubauen. Der Rückgriff auf fremde und in der Fremde bewährte Modelle lag nahe.

Je nach der politischen Konstellation in der Umbruchzeit ging man eher langsam und abwägend vor und erstritt sich eine neue Rahmenordnung in tiefgreifenden Kontroversen oder aber man forcierte den Neuanfang und griff weitgehend auf vorhandene Modelle zurück. In Bulgarien etwa war in gut einem Jahr der Verfassungsgebungsprozess abgeschlossen. In Polen dagegen ließ man sich vergleichsweise lange Zeit, um sich ein geeignetes Modell zurechtzuschneidern. In Ungarn schrieb man die kommunistische Verfassung so vollständig um, dass es hieß, nur noch die Bestimmung von Budapest als Hauptstadt sei identisch mit der ursprünglichen Version. Trotzdem war es symbolisch, dass man an der alten Verfassung festhielt und damit auf Kontinuität setzte.

Letztlich aber dominierte diesen Prozess der Verfassungsgebung der Ideentransport von West nach Ost – was sich dort bewährt hatte, sollte auch hier das Richtige sein. Insbesondere die Grundrechtskataloge wurden fast wörtlich abgeschrieben, gleich wie fremd die liberale, auf einem sehr individualistischen, selbstbestimmten Menschenbild beruhende westeuropäische Tradition für die »neuen« Demokratien auch gewesen sein mag. »Made in Western Europe« war ein nicht hinterfragtes Qualitätssiegel.

Entfremdung von Russland

Ende des 20., Anfang des 21. Jahrhunderts entstanden die ersten Brüche in diesem »Copy-and-Paste-System«. Man merkte, dass das Recht nicht zur Gesellschaft und die Gesellschaft nicht zum Recht passte. Für den großen Teil der Bevölkerung, deren Unternehmen nicht mehr in der Lage waren, die ausstehenden Löhne zu zahlen, waren die neugewonnenen Freiheiten schal und leer. Auch die Verfassungsgerichte waren nicht wirklich Hoffnungsträger, sondern ließen sich, wie etwa in Russland, in die Kämpfe um die Macht hineinziehen. Um der Unabhängigkeit der Justiz willen garantierte man Richterinnen und Richtern umfassende Immunität, was Korruption und dunkle Geschäfte geradezu anlockte und das Misstrauen in die Justiz beförderte. Nicht ohne Grund schrieb der Journalist Christian Schmid-Häuer im Jahr 1993 ein Buch mit dem Titel *Russland im Aufruhr. Innenansichten aus einem rechtlosen Reich*.[30] Und bei den Wahlen flossen, etwa als es

30 Christian Schmid-Häuer, *Russland im Aufruhr. Innenansichten aus einem rechtlosen Reich*, München 1993.

um die Weichenstellung zwischen dem Vorsitzenden der kommunistischen Partei Gennadi Sjuganow und Boris Jelzin ging, auch aus dem Ausland nicht unbeträchtliche Summen, um die »Richtigen« an die Schaltstellen der Macht zu bringen. Sogar der junge Alexej Nawalny engagierte sich damals in diesen Kampagnen für Jelzin. Später bereute er dieses Engagement und sagte, im schlimmsten Fall wäre für vier Jahre ein kommunistischer Präsident an die Macht gekommen. So habe er aber die Glaubwürdigkeit der jungen demokratischen Institutionen in Russland beschädigt.

Zu dieser Zeit begann man in Russland an den guten Intentionen des Westens zu zweifeln. Den Wendepunkt markierte der Kosovo-Krieg, als die NATO den »Bruderstaat« Serbien um des Menschenrechtsschutzes willen bombardierte. Der damalige Premierminister Jewgeni Primakow erfuhr von dem Angriff auf einer Dienstreise nach Washington und ließ sein Flugzeug medienwirksam über dem Atlantik wenden. Aus der Sicht des Kremls wurde eine rote Linie überschritten, weil man die Sezession des Kosovo von Serbien nicht nur als Bruch internationalen Rechts, sondern auch als gefährliches Vorbild für die instabilen, aus vielen nach Unabhängigkeit strebenden Regionen zusammengesetzten Staaten deutete. Menschenrechtspolitik glaubte man als Machtpolitik zu entlarven, das Argument von der humanitären Intervention sah man als vorgeschoben an. Enttäuscht war man auch von den Institutionen, insbesondere dem Europäischen Gerichtshof für Menschenrechte, der die gegen alle NATO-Staaten gerichtete Klage der Opfer auf Verletzung des Rechts auf Leben und

Gesundheit durch die Bombardements als unzulässig abwies,[31] obwohl er sich später in ähnlich gelagerten Fällen für zuständig erklärte, Verletzungen feststellte und Kompensationen zusprach. Auch fühlte man sich durch die Osterweiterung der NATO getäuscht. Bis heute ist man sich uneins, welche politischen Zusicherungen bei den Verhandlungen zur Wiedervereinigung von deutscher oder US-amerikanischer Seite gegenüber Gorbatschow gegeben wurden. Dem Narrativ des »gebrochenen Worts« entspricht allerdings keine Realität eines »gebrochenen Vertrags« – rechtsverbindlich verpflichtet hatte sich der Westen zu nichts.

Der Beginn der Entfremdung zwischen Russland und dem Westen mit dem Kosovokrieg ist auf das Jahr 1999 zu datieren. Er fällt mit dem Beginn der Amtszeit Vladimir Putins zusammen, der zunächst zum Ministerpräsidenten und dann zum Präsidenten gewählt wurde. Demgegenüber blieben diejenigen mittel- und osteuropäischen Staaten, die der Europäischen Union beitreten wollten, zunächst noch unbeirrt auf Westkurs. Das Ziel der Mitgliedschaft in der Europäischen Union dominierte die politische Tagesordnung. Der Westen wollte die Türe öffnen, der Osten wollte eintreten, für Zweifel an dauerhaft guten Absichten war kein Raum. Im Rückblick mag man den Verdacht äußern, dass beide Seiten immer wieder auch bewusst die Augen schlossen, um das Verstörende, Unpassende nicht zu sehen.

31 EGMR, Banković u. a. v. Belgien u. a. Nr. 52207/99 (Große Kammer), 12.12.2001.

Die Entfremdung zwischen Ost und West innerhalb der Europäischen Union begann erst einige Jahre nach dem Beitritt sichtbar zu werden und war eher ein schleichender Prozess als ein Schnitt. Verbunden war das Auseinanderdriften mit einer neuen selbstbewussten Politikergeneration, die Tacheles redete und widersprach, wenn es um europäische Werte und das Rechtsfundament ging. Insbesondere die Kaczyński-Zwillinge und Viktor Orbán machten kein Hehl daraus, dass sie grundsätzlich andere Vorstellungen von Staat und Gesellschaft hatten und zu Kompromissen nicht bereit waren. Ihren politischen Kredit bezogen sie aus ihrer aufrechten Gegnerschaft zum kommunistischen System.

Verschärft wurden die Entfremdungsprozesse dadurch, dass auch der Westen sich veränderte. So verstand man »Gleichheit« zwischen Mann und Frau zunehmend – wenn auch erst in jüngster Zeit – so absolut, dass keinerlei Raum mehr für traditionelle Rollenzuweisungen war. Dem widersprach etwa das russische Verfassungsgericht. Im Streit um den Erziehungsurlaub eines Soldaten kam es zum Duell.[32] Das russische Verfassungsgericht rechtfertigte die für Soldaten und Soldatinnen unterschiedlichen Regelungen mit der enge-

32 EGMR, Markin v. Russland, Nr. 30078/06 (Große Kammer), 22.03.2012; EGMR, Markin v. Russland, Nr. 59502/00 (Kammer), 30.03.2006.

ren Beziehung zwischen Mutter und Kind in den ersten Lebensjahren, der Europäische Gerichtshof für Menschenrechte widersprach vehement. Der Gesprächsfaden riss ab; Russland pochte auf seine Souveränität und weigerte sich schon 2016, das Urteil umzusetzen.

Zum juristischen Mainstream im Westen wurden auch andere Ansichten, die in den 90er Jahren noch als Minderheitsmeinungen gegolten hatten. So bereitete die Rechtsprechung des Europäischen Gerichtshofs für Menschenrechte ebenso wie des deutschen Bundesverfassungsgerichts den Weg dafür, dass sich der Menschenrechtsdiskurs zunehmend auf die Rechte sexueller Minderheiten fokussierte. Verurteilungen etwa Russlands,[33] Polens[34] und Litauens[35] wegen der Diskriminierung Homosexueller oder Transsexueller fielen aber auf sehr unfruchtbaren Boden. Man argumentierte, Verpflichtungen in diesem Bereich habe man mit der Ratifizierung der Europäischen Menschenrechtskonvention nicht übernommen; für entsprechende gesellschaftliche Entwicklungen im Westen gäbe es in dem von Orthodoxie und Katholizismus geprägten Osten keine Entsprechung.

Wie sicher man sich des Rückhalts in der Bevölkerung bei derartigen Themen war, zeigte, dass traditionelle Werte wie Schutz und Förderung der heterosexuellen Ehe und Familie auf der Ebene der Verfassung

33 EGMR, Alekseyev v. Russland, Nr. 4916/07, 259247, 14599/09 (Kammer), 21.10.2010.

34 EGMR, X v. Polen, Nr. 20741/10 (Kammer), 16.09.2021.

35 EGMR, Beizaras und Levickas v. Litauen, Nr. 41288/15 (Kammer), 14.09.2020.

zementiert wurden. In Ungarn arbeitete man eine neue, ein konservatives Menschenbild propagierende Verfassung aus,[36] in Russland[37] und Polen[38] wurden entsprechende Änderungen in die aus den 90er Jahren stammenden Verfassungen eingefügt. Der ungarische Ministerpräsident Orbán kündigte zudem ein Referendum an,[39] um der aus dem Westen kommenden Kritik ein basisdemokratisches Votum entgegenzuhalten.

Aller kulturellen Verschiedenheit in Europa zum Trotz sah man im Westen aber bei diesem Thema eine rote Linie und bestand darauf, die »neuen« Werte mit allen Mitteln durchzusetzen, und dies, obwohl man damit letzten Endes eine bestimmte gesellschaftliche Gruppe instrumentalisierte und in Kauf nahm, dass sie de facto in Osteuropa noch größeren Aggressionen ausgesetzt werden würde. Als sich in Polen einzelne Regionen für »LGBTQ-frei« erklärten, reagierte die Europäische Union mit der Verweigerung von Zahlungen.[40] Der Kulturkampf ist verbittert und kompromisslos ge-

36 Art. L Abs. 1 des Grundgesetzes Ungarns; Art. 1 S. 3 des Neunten Änderungsgesetzes der ungarischen Verfassung: »Mutter ist eine Frau, Vater ist ein Mann.«

37 Art. 72 Abs. 1 lit. ž Var. 2 der Verfassung der Russischen Föderation; im Ehe- und Familiengesetzbuch war diese Bestimmung allerdings auch schon zuvor zu finden.

38 Art. 18 der Verfassung der Republik Polen.

39 Viktor Orbán, Ankündigung im Kossuth Rádió am 16.07.2021 zum Referendum über das sog. »Kinderschutzgesetz«, https://www.facebook.com/orbanviktor/videos/935250330665489/ (zuletzt aufgerufen am 08. März 2022).

40 Erklärung Nr. 1/19 der Regionalversammlung Kleinpolens vom 29.04.2019 zum »Widerstand gegen die Einführung der ›LGBTQ‹-Ideologie in den Gemeinden«.

worden. Auch die Urteile des Europäischen Gerichtshofs werden offen ignoriert.[41]

Das zweite Reizthema ist die Migration. Auch hier haben sich im Westen grundlegende Änderungen vollzogen. So war es etwa in Deutschland über lange Jahre ein nicht hinterfragtes Dogma, dass Deutschland kein Einwanderungsland sei. Noch im Jahr 1993 änderte man die im Grundgesetz garantierte bedingungslose Garantie eines »Rechts auf Asyl« ab und versuchte, mit einem restriktiven Ansatz dem Strom von Menschen, die ins Land kommen wollten, zu begegnen. Aber auch hier gab es in einigen westeuropäischen Staaten ein grundlegendes Umdenken, angestoßen durch die Rechtsprechung des Europäischen Gerichtshofs für Menschenrechte. Obwohl die Europäische Menschenrechtskonvention gerade kein Recht auf Asyl enthält, entwickelte sich der Straßburger Gerichtshof zum obersten Asylgericht Europas und interpretierte das Verbot der Folter und unmenschlichen Behandlung als ein Verbot, asylsuchende Menschen an der Grenze abzuweisen und damit potentiell einer Misshandlung in ihren Heimatländern auszusetzen. Die so genannte »Öffnung der Grenze« im Jahr 2015 und das Machtwort der Bundeskanzlerin Angela Merkel »Wir schaffen das«, das sich eher auf ein deutsches als auf ein europäisches »Wir« bezog, vertiefte den Graben zwischen Ost und West nachhaltig, nicht zuletzt, da die neue Mi-

41 Vgl. z.B. EuGH, Urteil C-791/19 vom 15.07.2021 (Große Kammer), Polnischer Verfassungsgerichtshof, Urteil P 7/20 vom 14.07.2021; Polnisches Verfassungsgerichtshof, Urteil K 3/21 vom 07.10.2021.

grationspolitik in keiner Weise abgesprochen war. In Ungarn begann man daraufhin hohc, nicht nur rcalc, sondern auch mentale Grenzzäune zu bauen. Die Regierung machte Stimmung gegen den als Oktroi empfundenen Aufruf des Westens, Flüchtlinge aufzunehmen und eine multinationale Gesellschaft als Gewinn zu sehen. An eine einvernehmliche Lösung zur Frage der Verteilung der Flüchtlinge auf die verschiedenen Länder der Europäischen Union war so nicht mehr zu denken, obwohl das Problem nicht von der europäischen Tagesordnung verschwinden wollte. Dass dies nicht nur ein politischer Dissens bei einem von vielen Themen war, sondern grundlegende Fragen nach den gemeinsamen Werten aufwarf, führte dazu, das Gefühl »Wir im Osten« gegen »Die im Westen« zu verstärken.

Mit der Ablehnung der neuen Haltung des Westens bei den Reizthemen LGBTQ und Migration gelang es den populistischen Führern in Mittel- und Osteuropa, auch andere, nie hinterfragte Werte wie Pluralismus und Schutz der Meinungs- und Pressefreiheit in Frage zu stellen. Beispielhaft zeigen lässt sich dies etwa an Russland. So wurde aus dem russischen Wort »Evropejskij sud« (Europäischer Gerichtshof) das Wort »Gajropejskij sud« mit einer Anspielung auf das Wort »gay« geformt. Damit wurde suggeriert, der Gerichtshof setze sich vor allem für die Rechte der sexuellen Minderheiten ein. Die Gefahr, dass mit einer derartigen Umbenennung eine ursprünglich in der russischen Gesellschaft sehr angesehene Institution diskreditiert würde, war offensichtlich. Nicht zu verschweigen ist in diesem Zusammenhang aber auch, dass nicht nur in Ländern des östlichen Europas, sondern auch in westlichen Ländern die Idee der »Menschenrechte« verunglimpft wurde und jene, die dafür stritten, der Lächerlichkeit preisgegeben wurden mit Bezeichnungen wie »droit-de-l'hommiste« oder »Gutmensch«. Damit stellte man den innersten Kern des europäischen gemeinsamen Erbes in Frage – die liberale Tradition der Menschenrechte. Die Vorstellung eines gemeinsamen europäischen Erbes war nur mehr schwer aufrechtzuerhalten.

Kaum hatte man das zurückgedrängt, was aus dem Westen kam und ursprünglich als nicht zu hinterfragender internationaler Standard verstanden worden war, hatte man die Möglichkeit, wieder auf Eigenes zurückzugreifen. In gewisser Weise holte man nun nach, was in dem allzu dynamischen Prozess der Übernahme fremder Werte und fremden Rechts in den 90er Jahren versäumt worden war. Diese Tendenz sieht man etwa beim Wiederaufgreifen alter Namen wie »Kuria« für das Oberste Gericht Ungarns oder auch besonderer Verfahrensformen und Rechte, oftmals in bewusster Abgrenzung vom Westen. So wurden insbesondere auch in die Präambeln historische Narrative aufgenommen, die das eigene Welt- und Geschichtsbild zementieren. Auch das »Allzu-Westliche«, »Allzu-Internationale« wurde zurückreformiert, wie etwa das Beispiel der anfänglich besonderen Vorrangstellung völkerrechtlicher Verträge im russischen Recht und der nachfolgenden Reform dieser Bestimmungen zeigt.

Unter dem Deckmantel der Renaissance nationaler Traditionen und Werte wurden aber auch klare Machtinteressen bedient. Eine populistische Agenda, mit der man sich vom Westen abgrenzen konnte, half Wählerstimmen zu gewinnen.

Allerdings hat sich die Situation – bezogen auf das Thema Migration – grundsätzlich mit der Vielzahl von Flüchtlingen aus der Ukraine nach dem Beginn des bewaffneten Angriffs Russlands geändert. Alle Anrainerstaaten der Ukraine, ganz besonders Polen, nahmen in wenigen Tagen mehr als eine Million Flüchtlinge auf und entwickelten eine echte Willkommenskultur. Wie sich allerdings diese Sondersituation einer selbstlosen Hilfeleistung für Kriegsflüchtlinge aus dem Nachbarland auf die allgemeine Flüchtlingspolitik der Europäischen Union auswirken wird, ist eine offene Frage. Was von den einen als herzliche Aufnahme gelobt wird, ist für die anderen eine inakzeptable Diskriminierung der Flüchtlinge nach ihren Herkunftsländern.

Unversöhnliche Gegensätze

In der Zeit vor dem militärischen Angriff Russlands auf die Ukraine hatten die juristischen Scharmützel zwischen Ost und West eine grundsätzliche Dimension bekommen. Die unversöhnlichen Gegensätze traten in den späten 10er, frühen 20er Jahren des 21. Jahrhunderts an sehr unterschiedlichen Fragen zutage: an der Justizreform in Polen, an dem Streit über die fortdauernde Korruption in der ukrainischen Justiz, an der Missachtung eines Straßburger Urteils, das die Freilassung eines aserbaidschanischen Präsidentschaftsbewerbers aus dem Gefängnis forderte und das zu einem grundsätzlichen

Konflikt zwischen Aserbaidschan und dem Europarat führte, und an der Instrumentalisierung von Referenda zur Bestätigung einer Menschenrechte negierenden Politik in Ungarn. Die Bedeutung dieser unüberwindbar scheinenden Konflikte wurde allerdings durch den bewaffneten Angriff auf die Ukraine 2022 relativiert.

Die Annexion der Krim und der damit verbundene eindeutige Bruch des Völkerrechts durch Russland hatten es dagegen noch nicht geschafft, die Staaten der EU wieder näher zusammenrücken zu lassen. Ganz im Gegenteil – gerade in dieser Zeit eskalierten auch die Konflikte in der EU und führten zu ihrer Schwächung. Das vielleicht bekannteste Beispiel einer unnachgiebig geführten Auseinandersetzung um den rechten europäischen Weg war die Justizreform in Polen. Das Narrativ des Westens – von vielen polnischen Intellektuellen bestätigt – lautete, dass die aus dem Hintergrund von Jarosław Kaczyński geführte Regierung die Justiz unter ihre Kontrolle bringen wollte. So sei der erste Sündenfall darin zu sehen, dass Präsident Duda sich weigerte, die drei rechtmäßig von der liberalen Regierung der Bürgerplattform (PO) vorgeschlagenen und vom VII. Sejm gewählten Verfassungsrichter zu vereidigen. Auch wenn die Wahl zweier weiterer Verfassungsrichter zu diesem Zeitpunkt unrechtmäßig war, so sei dies doch kein Grund gewesen, die Wahl insgesamt zu torpedieren. Mit der Nachwahl von Richterinnen und Richtern für alle fünf vakanten Stellen durch den nach der Wahlniederlage der Bürgerplattform neu zusammengesetzten VIII. Sejm und ihre Vereidigung gab es nicht nur eine Doppelbesetzung, sondern auch einen erbitterten Streit um die Legitimität des Verfassungsgerichts. Der Europäische Gerichtshof für Menschenrechte urteilte – allerdings erst sechs Jahre nach den streitigen Vorfällen –, das polnische Verfassungsgericht sei kein »auf der Grundlage des Gesetzes errichtetes« Gericht mehr und könne so auch keine fairen Verfahren mehr durchführen.[42] Ebenjenes gescholtene Gericht stand aber dann im Mittelpunkt des weiteren politischen Geschehens, da es allen – auch noch so verfassungsrechtlich gewagten – Handlungen der Regierung, etwa der Verschärfung eines der strengsten Abtreibungsgesetze Europas,[43] den nötigen verfassungsrechtlichen Rückhalt gab. Gegenwärtig sind alle Richterstellen von der Regierungspartei PiS besetzt.

Wenig zeitversetzt nach der Domestizierung – so die westliche Perspektive – des Verfassungsgerichts wurde der Oberste Gerichtshof Polens umgebaut. Mit dem Ende des Mandats der streitlustigen und widerspruchsfreudigen Präsidentin Małgorzata Gersdorf bekam die Regierung auch von diesem Gericht alle gewünschten Urteile frei Haus geliefert. Damit war sie für den verfassungsrechtlichen Kampf gegen die Europäische Union gerüstet. Diese musste einsehen, dass ihre rechtlichen Instrumente zur Disziplinierung Polens versagten. Insbesondere die »Nuklearoption« des Artikels 7 des Vertrags über die Europäische Union, die in Fällen einer Nichteinhaltung vertraglicher Pflichten weitgehende

42 EGMR, Xero Flor w Polce v. Poland, Nr. 4907/18 (Kammer), 07.05.2021.

43 Polnischer Verfassungsgerichtshof, Urteil K 1/20 vom 22.10.2020.

Sanktionen vorsieht, war aufgrund des vorhersehbaren ungarischen Vetos zum Scheitern verurteilt. Der Europäische Gerichtshof sprang in die Bresche, erklärte, die Einhaltung der rechtsstaatlichen Grundsätze, insbesondere die Existenz einer unabhängigen Justiz, sei Conditio sine qua non für die Erfüllung der sich aus den europäischen Verträgen ergebenden Vertragspflichten, und judizierte, Polen müsse seine Reformen rückgängig machen. Im Mittelpunkt des Streits stand die Neubesetzung des Justizrats mit vom Parlament – nicht mehr von der Richterschaft – gewählten Mitgliedern sowie die Errichtung einer Disziplinarkammer am Obersten Gericht, die unbotmäßige Richterinnen und Richter sanktionieren und sogar entlassen konnte.

Aus polnischer Sicht waren die Reformen der Justiz eine angemessene Reaktion auf eine noch immer von in kommunistischer Zeit berufenen Richterinnen und Richtern geprägte Justiz, die einer dringenden Erneuerung bedurfte. Die Durchführung der Reform war für Polen ein souveräner Akt, auf den niemand – auch nicht die Europäische Union – von außen Einfluss nehmen dürfte. Zwar habe man der EU weitreichende Kompetenzen übertragen, nicht aber die Kompetenz zur Organisation und Kontrolle der Justiz. Alle Entscheidungen des Luxemburger Gerichtshofs seien insofern »ultra vires« und damit unbeachtlich.

Bei dem über Jahre dauernden Konflikt begann im Sommer 2021 ein echter Showdown, spannend wie ein Thriller, aber doch so, dass auch die Europa-Optimisten an einem guten Ausgang zu zweifeln begannen. Der Showdown fand in einem atemberaubenden Tempo statt, für dessen Schilderung auf Uhrzeiten zurückgegriffen werden muss. Am 14. Juli 2021 um 15 Uhr erließ die Vizepräsidentin des EuGH eine einstweilige Anordnung, um die Tätigkeit der umstrittenen Disziplinarkammer auszusetzen. Am selben Tag gegen 16.40 Uhr urteilte der polnische Verfassungsgerichtshof in einem von einem Richter der Disziplinarkammer initiierten Verfahren mit bindender Wirkung, dass einstweilige Anordnungen des EuGH, die konkrete Verpflichtungen Polens zum Justizwesen festlegen, ultra vires seien. Einen Tag später, am 15. Juli, veröffentlichte der EuGH ein Urteil, mit dem er die der Disziplinarkammer obliegenden Disziplinarverfahren für unvereinbar mit dem EU-Recht erklärte. Am selben Tag führte das polnische Verfassungsgericht eine Anhörung in einem vom Premierminister initiierten Verfahren durch, in dem es um den Vorrang der polnischen Verfassung vor EU-Recht bei der Beurteilung der Rechtswirksamkeit von Richterernennungen ging. Das Verfahren wurde vertagt.

Die Aufzählung der Teilschritte des juristischen Hickhacks könnte beliebig fortgesetzt werden; ihren Höhepunkt fanden sie in der eingangs erwähnten Entscheidung des polnischen Verfassungsgerichts, grundlegende Vorschriften der EU-Verträge als mit dem polnischen Recht unvereinbar anzusehen. Eine weitere interessante Wendung bekam der Streit mit der Ankündigung der polnischen Regierung, gegen Deutschland ein Vertragsverletzungsverfahren vor dem EuGH einleiten zu wollen, da die Verfahren zur Richterernennung in Deutschland noch »politisierter« seien als in Polen; schließlich nähmen der Exekutive angehörende Politikerinnen und

Politiker darauf unmittelbar Einfluss. Dieser Vorwurf ist nicht abwegig. Allerdings hat die Pluralität der Parteipolitik in Deutschland bisher einseitige parteipolitische Festlegungen der Justiz, wie sie sich etwa bei der Besetzung des polnischen Verfassungsgerichts ausschließlich mit der PiS nahestehenden Richterinnen und Richtern zeigt, verhindert. Ob die in vielen Stellungnahmen beschworene Rechtskultur aber auf Dauer ein tragfähiges Argument ist, sei dahingestellt.

Von beiden Seiten wurde der Streit schwarz-weiß gezeichnet, nur wechselten das Weiße und Schwarze jeweils die Position. In Wirklichkeit haben beide Seiten Fehler gemacht, die mit großer Dynamik zu einer unglücklichen Eskalation geführt haben. Es gibt Fragen, bei denen man mit Fug und Recht unterschiedliche Positionen vertreten kann, so insbesondere die Frage nach einer europäischen Best Practice bei der Besetzung höchster Richterstellen und auch die Frage nach dem Umfang der Kompetenzen des Europäischen Gerichtshofs bei der Beurteilung von Organisation und Struktur der mitgliedstaatlichen Justizsysteme. Nicht verhandelbar aber ist eine politisch motivierte Disziplinargerichtsbarkeit, die Richterinnen und Richter wegen ihrer Judikate zur Verantwortung zieht, ebenso wie die grundsätzliche Anerkennung des Vorrangs des europäischen Rechts. Dass hier die europäische Notbremse gezogen werden musste, ist selbstverständlich.

Gestritten wurde auf mehreren Ebenen zugleich – juristisch-argumentativ, wenn es um die Auslegung des Rechts und den Zuschnitt von Kompetenzen ging, emotional-emphatisch, wurden die europäischen Grundwerte verteidigt. Dass der polnische Ministerpräsident Mateusz Morawiecki in der Diskussion um das polnische Verfassungsgericht im Europaparlament auf den Hitler-Stalin-Pakt verwies, machte deutlich, mit welchem emotionalen Einsatz hier gespielt wurde.[44]

Der Konflikt zeigt im Brennglas das Unbehagen an einem Europa, in dem die einen nicht aufhören können, die Rolle der besserwissenden Lehrmeister zu spielen, und die anderen nicht mehr bereit sind, die Rolle der ewigen Lehrlinge zu übernehmen, bei ihrem Versuch, diese Rolle abzuschütteln, allerdings weit über das Ziel hinausschießen.

Wirklich kompliziert wurde die Situation dadurch, dass die Trennlinien letztlich nicht gerade, sondern kurvenreich verliefen; einerseits standen große Teile der polnischen Zivilgesellschaft und der polnischen Justiz auf der Seite des Westens, andererseits fand die polnische Kompromisslosigkeit durchaus auch Zuspruch bei Politikerinnen und Politikern im Westen. Es waren nicht nur die französischen Rechtspopulisten, die den »Kampf Polens um seine Souveränität« mit lautstarker Rhetorik unterstützten.

Geht es um das Tabubrechen, war aber doch auch schon in den Jahren vor dem Ukrainekrieg Russland Vorreiter. So stellte der Präsident des russischen Verfassungsgerichts in einer Veröffentlichung aus dem Jahr 2021 auch das vom Verfassungsgericht 2001 verhängte

44 Rede des polnischen Premierministers Morawiecki vom 19.01.2021, https://www.gov.pl/web/primeminister/statement-by-prime-minister-mateusz-morawiecki-in-the-european-parliament (zuletzt aufgerufen am 08. März 2022).

Moratorium zur Todesstrafe zur Disposition.[45] Als der Europarat nach dem Einmarsch der russischen Truppen in die Ukraine die Repräsentationsrechte Russlands suspendierte, war der erfreute Kommentar des ehemaligen russischen Präsidenten Dmitri Medwedjew, damit sei ein guter Moment gekommen, die Todesstrafe wieder einzuführen. Beim Ausschluss aus dem Europarat wurde vom russischen Außenministerium vorgetragen, EU und NATO hätten die Organisation in ein Instrument für antirussische Politik verwandelt.[46]

Korruption, Revolution und kein Ende

Auch mit Staaten, die einer Hinwendung zum Westen Europas positiv gegenüberstanden, war die Kompromissfindung im Detail über Jahre hinweg schwierig. Anders als Russland, das schon jahrzehntelang autoritär regiert wurde, aber vergleichsweise stabil war, hatte die Ukraine seit der Auflösung der Sowjetunion turbulente Phasen mit andauernden Umbrüchen von der »orangenen Revolution« bis zur »Revolution der Würde« erlebt; bei letzterer war der Blutzoll erschreckend hoch.

»Ukraine« bedeutet »Grenzland« und damit Offenheit für verschiedenste Einflüsse. Die Ukraine ist die spannungsreiche Mitte Europas. Und ebenso spannungs-

45 V.D. Zor'kin, Konstitucionnoe pravosudie: procedura i smysl, 2021, 71ff.

46 Informacjonnyj bjulleten' MID 14-20 marta 2022, S. 144. https://mid.ru/ru/press_service/bulletins/1807404/.

reich war die Suche nach einem stabilen Kern, nach einer eigenen Identität. Im Grunde war in der Ukraine die konfliktreiche erste Reformperiode nicht zum Ende gekommen. Auch die Auseinandersetzungen um die Grundfragen der Gestaltung des politischen Systems dauerten an, bis ihnen mit der Invasion Russlands ein bitteres Ende gesetzt wurde.

Die Suche nach einem neuen juristischen Gerüst war besonders deutlich an der Justiz zu erkennen. Das nach westlichem Vorbild eingerichtete Verfassungsgericht der Ukraine hat es in dem Machtkampf zwischen Exekutive und Legislative zu Beginn des neuen Jahrtausends geschafft, auf korrupte Weise eine entscheidende Rolle zu spielen. Nachdem die Werchowna Rada sich weitergehende Kompetenzen vom Präsidenten erstritten hatte und die neue Machtverteilung in einer neuen Verfassung niedergelegt war, rief der neu gewählte Präsident Janukowytsch das Verfassungsgericht an. Dieses fällte ein Urteil, mit dem es die Verfassung selbst für verfassungswidrig erklärte, mit windigen formalistischen Argumenten, angeblich nicht ohne Eigennutz. Gemunkelt wird, es seien sechsstellige Beträge geflossen. Dass damit nicht nur die konkrete Besetzung des Gerichts, sondern die Institution als solche diskreditiert war, muss nicht überraschen. Auch in der Folge fiel die ukrainische Justiz oftmals dadurch auf, dass die Richter und Richterinnen immer wieder der Korruption überführt, die Verfahren gegen sie aber nicht rechtsstaatlich geführt wurden, so dass das Unrecht auf beiden Seiten war. Als Gegenmittel griff man zu allen denkbaren Hilfsmitteln, löste mehrfach die Gerichte komplett auf und stellte alle

Richter und Richterinnen auf der Grundlage von Auswahlverfahren wieder ein. Als dies nicht half, berief man sogar ausländische Mitglieder in Auswahlkommissionen. Die internationalen Finanzinstitutionen drohten, keine Kredite mehr zu vergeben, solange die Justiz nicht runderneuert wäre. Die Gerichte aber ließen neue Reformgesetze wiederholt auf ihre Verfassungskonformität überprüfen und legten somit die Reformen auf Eis. Der Willkürvorwurf war allgegenwärtig. Wie die Judikative auf die Legislative übergriff, so die Exekutive auf die Judikative. Präsident Selenskij versuchte den Präsidenten des Verfassungsgerichts zu entlassen; dieser verharrte aber trotzig im Amt.

Im Westen ließ sich eine gewisse Ratlosigkeit und Resignation beobachten. Der – durchaus nicht »unschuldige« – Idealismus der Wendezeit hatte sich in einen zynischen Pragmatismus gewandelt. Dass der Transfer von Rechtsideen und Werten nicht so funktioniert hatte, wie man dachte, war offensichtlich. Vielfach aber hielt man die Illusion aufrecht, man habe doch nur das Beste gewollt. Für die Entwicklungen im Osten gab es drei selbstgefällige Erklärungen: Man sei undankbar, zur Autokratie vorbestimmt oder unverbesserlich korrupt. Die radikale Gegensicht hielt ausschließlich den Westen für schuldig an den nicht wirklich positiven Entwicklungen, da dieser nie bereit gewesen sei, auf »die anderen« einzugehen, und selbstzentriert falsche Ratschläge gegeben habe, letztlich immer mit Blick auf den eigenen Gewinn.

All diese Sorgen und Enttäuschungen sind mit Kriegsbeginn aber in eine weite Ferne gerückt. So unzulänglich und schwierig der ukrainische Weg zu einer offenen und freien Gesellschaft auch gewesen sein mag, es gab einen Konsens für Unabhängigkeit und Freiheit. Mochte man sich auch manchmal geirrt haben, so waren doch auch falsche Entscheidungen eigenständige Entscheidungen, die man selbst treffen und selbst korrigieren konnte. Der Sicht Putins, bei der Ukraine handele es sich – nicht zuletzt aufgrund der Schwierigkeit, ein solides Rechtssystem aufzubauen – um einen gescheiterten Staat, stellte sich die ukrainische Bevölkerung von Beginn des Krieges an mit einer Vehemenz und Einigkeit entgegen, die weltweit für Bewunderung sorgte.

Militärische Auseinandersetzungen

Aber nicht erst beim Krieg Russlands gegen die Ukraine, der im Februar 2022 begann, verwandelte sich der Streit über das Rechthaben in eine militärische Auseinandersetzung. Schon zuvor hatte es eine Vielzahl von Kriegen in Europa gegeben: die Jugoslawienkriege, den Kosovo-Krieg, zwei Tschetschenienkriege, fortdauernde kriegerische Auseinandersetzungen zwischen Armenien und Aserbaidschan, den Fünf-Tage-Krieg zwischen Georgien und Russland, den Konflikt um Transnistrien und den Krieg um die Krim und um den Donbass. Auch bei diesen Konflikten war Russland fast immer – direkt oder zumindest indirekt – beteiligt.

Die juristischen Fragen, die hinter den militärischen Auseinandersetzungen standen, waren teilweise komplex; teilweise waren Recht und Unrecht aber auch sehr klar zu unterscheiden. So ist die Frage nach der tatsächlichen Wirkung des Selbstbestimmungsrechts der Völker, wenn sich eine Minderheitsbevölkerung von der Mehrheit unterdrückt sieht, eine der umstrittensten Fragen des Völkerrechts. Die Unabhängigkeit des Kosovo wurde von mittlerweile 115 Staaten, damit bei weitem aber nicht von allen, anerkannt. Russland hat dem vehement widersprochen, gleichzeitig aber den Kosovo-Fall als Beleg für die Rechtmäßigkeit der Unabhängigkeitserklärung von Abchasien und Südossetien von Georgien genommen. Der Streit um die Doppelmoral hatte in diesem Kontext viele Seiten; der Westen konfrontierte Russland ebenso damit wie Russland den Westen. Anerkennung gefunden hat die Unabhängigkeit von Abchasien und Südossetien aber so gut wie nicht; lediglich eine Handvoll von Staaten hat sich dafür ausgesprochen.

Bei der Krim war die Situation dagegen eine vollkommen andere. Hier war die einheitliche Meinung der internationalen Staatengemeinschaft, die Annexion sei völkerrechtswidrig. Russland aber berief sich auf Beispiele, die nicht passten, etwa die deutsche Wiedervereinigung, um seinen Anspruch zu begründen. Schon hier war eine juristische Sprachlosigkeit zwischen Russland und dem Westen zu beklagen. Vor dem Europäischen Gerichtshof für Menschenrechte waren und sind Verfahren anhängig, die eine Klärung dieser völkerrechtlichen Fragen fordern; allerdings ist angesichts der gegenwärtigen Eskalation und der Schritte des Europarats gegen Russland nicht zu erwarten, dass von den Urteilen eine in irgendeiner Weise befriedigende Wirkung ausgehen könnte, wenn sie überhaupt noch zu Ende geführt werden können, was ungewiss ist.

Bei dem bewaffneten Angriff Russlands auf die Ukraine handelt es sich dagegen um eine völlig neue Dimension von Konflikt. Die juristische Verurteilung der Weltgemeinschaft könnte klarer nicht sein. Bei der UN-Vollversammlung verurteilten 141 Staaten die Aggression der Russischen Föderation gegen die Ukraine wegen eines Verstoßes gegen das in Artikel 2 Absatz 4 der Charta normierte Gewaltverbot als völkerrechtswidrig; nur vier Staaten – Nordkorea, Eritrea, Belarus und Syrien – stimmten mit Russland dagegen. Aber auch wenn Russlands Versuch einer rechtlichen Begründung für den Verstoß gegen die 1945 neu aufgebaute Weltordnung, in deren Zentrum das Gewaltverbot steht, ins Leere ging und niemanden überzeugte, konnte Russland doch mit seinem Vetorecht eine Verurteilung im Sicherheitsrat abwenden.

Die Frage nach der Zukunft

In der Zeit unmittelbar vor dem Ausbruch des Krieges in der Ukraine im Februar 2022 schien es fast, als habe sich in mancherlei Hinsicht der Wind gedreht, als würden Ideen zur Gestaltung von Staat und Recht nicht mehr nur von West nach Ost, sondern auch von Ost nach West transportiert. Verblüffend war die Wandlung von Viktor Orbán vom Paulus zum Saulus. Wurde er als junger Politiker dadurch bekannt, dass er mutig den Abzug der sowjetischen Truppen aus Ungarn forderte, so nahm er in den späten 10er, frühen 20er Jahren des 21. Jahrhunderts in vielerlei Hinsicht das autoritäre Russland zum Vorbild für seine Reformen, etwa bei der Entwicklung einer illiberalen Demokratie oder bei den Methoden zur Bändigung einer lebendigen Zivilgesellschaft. Wie Russland setzte er darauf, die Finanzströme aus dem Ausland zu unterbinden und die Aktivitäten der NGOs in ein negatives Licht zu rücken.

Auch die Populisten in Europa waren von der »harten Hand« eines Vladimir Putin beeindruckt. Der französische Soziologe Rosanvallon hat das 21. Jahrhundert das »Jahrhundert des Populismus« genannt.[47] Diese Charakterisierung betraf West und Ost gleichermaßen. In der Tat, auch wenn Populismus ein sehr facettenreiches Phänomen ist, so ließ sich doch eine Reihe von Charakteristika erkennen, die Politiker wie Donald Trump, Vladimir Putin, Marine Le Pen, Matteo Salvini und Viktor Orbán ähnlich erscheinen ließ. Alle missachteten das Parlament und versuchten, eine unmittelbare Beziehung mit »dem Volk« aufzubauen, sei es über eine aufdringliche Medienpräsenz oder über Referenden, mit denen man sich auch die Verlängerung der Macht bestätigen lassen konnte. Staatliche Institutionen wie Gerichte wurden geringgeschätzt und im Zweifel instrumentalisiert. Im Sinne von Rousseau wurde der Wille aller als Einheit konstruiert; nicht der Einzelne sollte zählen, sondern die vielen.

Mit der Invasion des militärisch hochgerüsteten Russ-

47 Pierre Rosanvallon, *Das Jahrhundert des Populismus. Geschichte, Theorie, Kritik*, Hamburg 2020.

lands in die scheinbar mit sich selbst beschäftigte und nicht auf eine Aggression vorbereitete Ukraine und mit ihrem Widerstand und ihrem Kampf um Freiheit und Selbstbestimmung wurde das »Modell Putin« aber unwiderruflich diskreditiert. Auch jene, die damit in welcher Weise auch immer geliebäugelt hatten, sahen sich gezwungen, unmittelbar ihre Distanz zu bekunden. Damit erfuhr das westliche, auf den drei Säulen Rechtsstaatlichkeit, Demokratie und Menschenrechte basierende Modell eine plötzliche, unverhoffte und nachhaltige Aufwertung.

Nunmehr muss aber auch der Westen seine Rolle neu finden. Er muss die Selbstgewissheit, immer alles richtig gemacht zu haben und zu machen, aufgeben und erkennen, dass »der Osten nicht mehr existiert und auch nie wirklich existiert hat«. Der Neologismus vom »Westplaining« (in Anlehnung an »mansplaining«) zeigt, wie nötig es ist, diejenigen, die in der Geschichte oftmals auf der anderen Seite standen, ernst zu nehmen, und dies gerade auch dann, wenn sie in Zweifel ziehen, was man im Westen für über alle Zweifel erhaben hält. Ihre Stimme gilt es zu hören, auch und gerade, wenn es um die Frage nach der Schaffung einer soliden rechtlichen Grundlage für eine freie Gesellschaft geht.

Die Verteidigung des Westens im Osten

Die Osteuropawissenschaften verfügen nicht über eine Kristallkugel und können zukünftige Entwicklungen nicht vorhersehen. Sie haben den Fall der Mauer nicht prophezeit und auch nicht erkannt, zu welchen Verwerfungen es nach der Finanz- oder der Migrationskrise innerhalb der EU kommen würde. Auch die Aussage des russischen Präsidenten, dass der Untergang der Sowjetunion die größte geopolitische Katastrophe des 20. Jahrhunderts gewesen sei, da sie die Russen zum größten geteilten Volk auf Erden gemacht habe, hat niemand bis zum bitteren Ende gedacht und denken wollen. Es mag sein, dass man – gerade in Deutschland – beim Nachdenken über den Osten auch gefangen war in einer imaginären deutsch-russischen Geistesverwandtschaft, in der Vorstellung, dass Entspannung und Dialog für beide Seiten vorteilhaft seien. Ein latenter Anti-Amerikanismus mag ein naives Vertrauen zu Russland befördert haben.

Russlands Krieg in der Ukraine verschiebt das europäische Koordinatensystem. Die Landkarte der Werte, die auf die europäische Friedensordnung eingenordet war, wird nun je nach Kompass in diametral verschiedene Richtungen ausgerichtet. Der Kreml hat den Konsens des Gewaltverzichts, wie er in der Pariser Charta 1990, dem Budapester Memorandum 1994, der NATO-Russland-Grundakte 1997 sowie den OSZE-Verträgen von Istanbul und Astana bekräftigt worden war, aufgekündigt. Die tiefe Zäsur des 24. Februar 2022 hat nicht nur Folgen für die Zukunft Europas, sondern zwingt auch dazu, die jüngste Vergangenheit neu zu bewerten. Was bedeutet die Zeitenwende für das Denken in West-Ost-Kategorien und für das europäische Einigungsprojekt? Ist der Zeitraum von 1989 bis 2022 eine abgeschlossene Epoche?

Dass Osteuropa »irgendwie anders« ist als Westeuropa, gilt als Gemeinplatz. Die Differenzqualität bestimmt sich auch nach der Antwort auf die Frage, wie denn Osteuropa überhaupt zu bestimmen sei und wo seine Grenzen liegen. Ost und West sind nicht feste kulturelle Prägungen, sondern Stereotype, die aber Wahrnehmungen und damit auch gesellschaftliche Wirklichkeiten prägen. Die westlichen Vorstellungen über den Osten und die östlichen Vorstellungen über den Westen greifen weit mehr ineinander, als die geographischen Trennlinien, die über Jahrzehnte mit einer Mauer befestigt waren, vermuten lassen. Osteuropa ist vielschichtig, Entwicklungen, die als einlinig verstanden werden, sind ambivalent.

So zeigt – um ein besonders wichtiges Beispiel aufzugreifen – die Etablierung populistischer Regierungen in Polen und Ungarn, zu welchen politischen Ausschlägen Enttäuschungen über Transformationszumutungen des eng gesteckten »Acquis communautaire« in den östlichen Mitgliedsstaaten der EU führen können. Jedoch war das nationalstaatliche Modell auch aus der Vorstellungswelt des westlichen Europas bei weitem nicht verschwunden. Der rechtspopulistische Regierungsstil führte in der Schweiz, Österreich, Italien und Frankreich schon Siegeszüge durch, bevor er in Osteuropa als politisches Erfolgsrezept entdeckt wurde. Westliche Nationalisten haben ihre eigenen Populisten hervorgebracht und das Narrativ linker Intellektueller vom postnationalen und postmaterialistischen Zeitalter desavouiert. Der Widerstand gegen einen weiteren Souveränitätstransfer von den nationalen Mitgliedsstaaten an die EU nahm seinen Ausgang nicht in Warschau oder Budapest, sondern manifestierte sich wirkmächtig in den französischen und niederländischen Referenden gegen den europäischen Verfassungsentwurf. Vordenker war auch das Bundesverfassungsgericht mit seinen europaskeptischen Entscheidungen.

Ob die Rückwendung zum Nationalen hätte abgewehrt werden können, bleibt eine offene Frage. Jürgen Habermas' Entwurf einer europäischen Verfassungszukunft von 2011 – in Analogie zu den Vereinigten Staaten von Amerika – wurde weder von den europäischen Nationalstaaten noch auf gesamteuropäischer Ebene aufgegriffen. Eine gelebte, partizipative europäische Demokratie, wie sie ihm vorschwebte, hätte vielleicht den politischen Gesprächs- und Entscheidungsraum bieten können, um grundlegende politische Streitfragen auszutragen und zu entscheiden. Aber das war offensichtlich nicht gewollt. Ungeachtet aller einzelnen Kompetenzzuwächse der EU-Kommission und des EU-Parlamentes richtete sich das europäische Projekt nach der gescheiterten Verfassungsgebung im Intergouvernementalismus der europäischen Nationalstaaten ein. Das Bild einer »immer engeren Union«, die sogar in eine Föderation münden könnte, mutierte von einer

Zukunftsvision zu einem Schreckgespenst des Souveränitätsverlustes. Im permanenten Krisenmodus der letzten eineinhalb Jahrzehnte fand Europa nicht die Kraft zu einer politischen Neubegründung auf der Grundlage von »Freiheit, Gleichheit und Brüderlichkeit«. Die Freiheit litt unter der Überregulierung, die Gleichheit unter deutsch-französischer Hegemonie, die Brüderlichkeit an der Weigerung, die EU nicht nur als Freihandelszone, sondern auch als Solidargemeinschaft zu begreifen.

Dabei hatten die 1990er Jahre hoffnungsvoll begonnen. Der Mauerfall bedeutete nicht nur ein Ende, sondern auch einen Anfang. Mit aller Macht drängten die ostmitteleuropäischen Staaten in westliche Strukturen. Sogar Russland mochte sich diesen Angeboten nicht verschließen. Boris Jelzin erhob einen russischen NATO-Beitritt schon 1991 zu einem langfristigen Ziel. 1996 wurde Russland Mitglied im Europarat und unterwarf sich der Rechtsprechung des Straßburger Menschenrechtsgerichtshofs. Mittlerweile betrachten sich beide Seiten als Gegner und Bedrohung. Durch seinen Austritt im März 2022 ist Russland einem unmittelbar bevorstehenden Rauswurf aus dem Europarat zuvorgekommen. Spätestens seit dem NATO-Beitritt der ehemaligen Sowjetrepubliken Estland, Lettland und Litauen im Jahr 2004 betrachtet sich Russland als eigenen Ideologieraum, der angeblich zersetzende westliche Einflüsse abwehren muss. Diese Verteidigungshaltung verwandelte sich in aggressive Abschottung.

Russlands neue Einsamkeit definiert auch den Gesellschaftsvertrag im Inneren neu. Bisher galt: »Enrichissez-vous, mais ne vous indignez pas!« Wer sich nicht in die Politik einmischte, konnte seine wirtschaftlichen Projekte weitgehend unbehelligt verfolgen. Putin hat dieses Stillhalteabkommen durch sein außenpolitisches Hasardspiel gebrochen. Die russischen Eliten, die ihre Kinder im Westen auf Internate und Spitzenuniversitäten schickten, finden sich nun auf persönlichen Sanktionslisten wieder. Ihre Jachten, Luxusvillen und Vermögenswerte werden beschlagnahmt. Auch für die Mittelschicht haben sich die Rahmenbedingungen drastisch geändert: Drakonische neue Gesetze beschränken die Meinungsfreiheit in Russland. Die Wirtschaftsleistung bricht drastisch ein. Ausländische Firmen ziehen sich zurück. Lieferengpässe behindern die Produktion. Die Inflation steigt unaufhaltsam. Noch scheint die Öffentlichkeit den aggressiven und selbstzerstörerischen Kurs des Kremls mitzutragen. Russland ist allerdings nicht Nordkorea und wird der Bevölkerung mehr bieten müssen als patriotische Durchhalteparolen.

Putins dreistes Vorgehen verschärft auch die unterschiedlichen Interpretationen der wichtigsten Einträge im politischen Wörterbuch. So gilt Liberalismus in einer westlichen Deutung als Grundbedingung von Demokratie, während Orbán offen eine »illiberale« Gesellschaftsordnung preist und die russischen Staatsmedien über »Liberasten« lästern. Eine ähnliche Begriffsverwirrung gibt es beim Vorwurf des »Faschismus«. Die demokratisch gewählte Regierung in Kiew wird vom Kreml als neonazistische Junta verunglimpft. Die offizielle russische Rhetorik lässt an Ignazio Silones düstere Prophezeiung denken, dass der Faschismus, wenn er wiederkehre, sich als Anti-Faschismus ausgeben werde. Man sollte allerdings Putins Regime nicht vorschnell als »faschistisch« beschreiben. Putin ist sicher kein Rassist, er stützt sich nicht auf eine Massenbewegung und hat auch keine konservative Revolution im Sinn. Im Gegenteil: Er will das herrschende System verewigen.

Das russische Insistieren auf einem angeblichen ukrainischen »Faschismus« führt die europäische Erinnerungskultur ad absurdum. Der Kreml blendet den Hitler-Stalin-Pakt und die sowjetischen Angriffskriege gegen Polen, Finnland, das Baltikum und Rumänien vor 1941 aus. Russland wird als einzige antifaschistische Macht propagiert. Dem russischen Publikum wird in Dokumentarfilmen und Fernsehserien Churchills »Operation Unthinkable« als früher Beleg eines »Anti-Russland«-Projekts vorgeführt. Im Mai 1945 hatte der britische Premier erwogen, Teile der Wehrmacht wiederzubewaffnen und gegen die Sowjetunion einzusetzen. Der Plan wurde allerdings nie umgesetzt. Der Westen erscheint aus dieser Sicht freilich als historischer Komplize des deutschen Faschismus und als aktueller Verbündeter des angeblichen ukrainischen Neonazismus. Antisemitische Ausfälle von Dmitri Medwedew und Sergej Lawrow gegen den ukrainischen Präsidenten Selenskij unterstreichen die irre Phantastik dieser Wortpyramiden.

Sprache ist im Ukrainekrieg nicht mehr ein mögliches Mittel für das Austragen von Debatten, sondern eine Waffe. Die russische Staatspropaganda hat den Westen auch in seinen zentralen Wertbegriffen angegriffen: Was den einen Freiheit ist, bedeutet für die anderen

Chaos, was den einen Fortschritt ist, kommt den anderen einem Verrat an der Tradition gleich, was den einen Selbstbestimmung ist, erscheint den anderen als Hybris. Moskaus Zerstörung einer gemeinsamen europäischen Sprachkultur hat auch den Philosophen Habermas vor den Kopf gestoßen. In einem lavierenden Text starrt er fassungslos auf das Kampffeld im Osten, auf dem sich nicht nur eine humanitäre, sondern auch eine diskursive Katastrophe ereignet.[1]

Der russische Überfall auf die Ukraine am 24. Februar 2022 markiert auch das Ende der Illusion, Europa könne gemeinsam aus der Geschichte lernen. »Wir können es wiederholen«, lautet eine weit verbreitete russische Propagandaparole. Angespielt wird dabei auf die Einnahme Berlins durch die Rote Armee im April 1945. Russland wiederholt allerdings in der Ukraine nicht den Sieg über den Faschismus, sondern die Gräuel des Zweiten Weltkriegs wie die Zerstörung ganzer Städte oder Massaker an Zivilisten. In der westeuropäischen Perspektive gerät darüber in Vergessenheit, dass noch im Bosnienkrieg ähnliche Kriegsverbrechen begangen wurden. Selbst Jürgen Habermas beging in seiner Einlassung zum Ukrainekrieg den Fehler, von 77 Jahren ohne Krieg in Europa zu sprechen. Dieser Fehler ist ebenso peinlich wie bezeichnend. Die westeuropäische Öffentlichkeit betrachtete die Jugoslawienkriege weitgehend als regionale Konflikte, in denen sich einge-

1 Jürgen Habermas, Krieg und Empörung, in: *Süddeutsche Zeitung* (28.04.2022). https://www.sueddeutsche.de/projekte/artikel/kultur/das-dilemma-des-westens-juergen-habermas-zum-krieg-in-der-ukraine-e068321.

fleischte Nationalisten gegenseitig umbrachten. Noch die Annexion der Krim und die verdeckte russische Militäroperation im Donbass im Frühjahr 2014 erschienen vielen Westeuropäern zu Beginn als Ereignisse in einem Land, das weit weg war und von dem man wenig wusste. Erst der Abschuss des Flugs MH17 im Juli 2014 rüttelte die Bürger in Europa auf. 298 Menschen, hauptsächlich Niederländer, kamen bei der Katastrophe ums Leben. Die bislang zahnlosen Sanktionen gegen Russland wurden verschärft und sind seither ohne Unterbrechung in Kraft.

Die Verteidigung der Ukraine gegen Russlands Angriffskrieg und die Unterstützung, die sie dabei aus den USA und der EU erhält, zeichnet eine neue West-Ost-Karte. Das Ziel der Ukraine, der EU beizutreten, und die Bereitschaft der EU-Kommission und des EU-Parlamentes, diesen Wunsch nach Kräften zu unterstützen, bringen die Verteidigung des Westens im Osten zum Ausdruck. Die große Frage aber ist, ob davon ein Impuls für die Revitalisierung Europas als eines politischen Integrationsprojekts ausgeht oder ob sich die Geschichte politischer Enttäuschung wiederholt. Für beides gibt es erste Anzeichen.

Angesichts der fundamentalen Bedrohung von Demokratie, Rechtsstaatlichkeit und Menschenrechten, die für alle sichtbar von Putins Russland ausgeht, scheint es im Augenblick des ersten Schocks, als würden sich die Mitgliedsländer auf die vielbeschworenen europäischen Werte besinnen und der EU neues politisches Leben einhauchen, als habe der russische Angriff auf die Ukraine die westliche Wertegemeinschaft gestärkt. So verhängte die EU ohne inneren Einspruch bereits in den ersten Kriegstagen Sanktionen von ungekanntem Ausmaß, die NATO sprach mit einer Stimme. Zentripetale Kräfte schienen gebannt zu sein. Vergessen war, dass Großbritannien 2016 für den Brexit gestimmt und die EU fünf Jahre später verlassen hatte. Vergessen war, dass Macron die NATO noch im Jahr 2019 für »hirntot« erklärt hatte. Weder die deutsche Sozialdemokratie noch die französische, italienische oder österreichische Rechte waren mehr geneigt, mit dem Regime im Kreml zu kokettieren; Russlands »Soft Power« schien in Europa aufgezehrt zu sein. Die ukrainischen Flüchtlingsströme führten spontan zu ungekannten Solidaritätsbekundungen überall in Europa. Der russische Angriff auf die Ukraine ordnete das Wertsystem in Ostmitteleuropa neu. Gemeinsame Interessen und Werthaltungen mit dem Westen traten stärker hervor, es zeigte sich Kompromissbereitschaft auch bei Grundsatzfragen.

Doch schon wenige Monate nach Beginn des Krieges stellt sich das Bild nicht mehr so eindeutig dar. Zwar bezweifelt niemand, dass Russland kein vertrauenswürdiger Geschäftspartner mehr ist und dass die Dekarbonisierung dramatisch beschleunigt wird, weil man kein russisches Erdöl und Erdgas mehr importieren will. Doch scheren einzelne Staaten, etwa Ungarn, bei dieser Politik des Neuanfangs aus und verfolgen weiter eigene Ziele, sei es, weil sie mehr als andere von Sanktionen betroffen sind, sei es, weil sie die allgemeine Angespanntheit für die erfolgreiche Durchsetzung ihrer egoistischen Ziele als besonders günstig ansehen. Die Krisen und Konflikte in der EU sind nicht beigelegt; dies gilt insbesondere für den Streit über Rechtsstaatlichkeit und Justiz, der an den Grundfesten des Staatenverbunds rüttelt. Ob es für Staaten wie Moldau oder Serbien nun tatsächlich kein Lavieren zwischen Europa und Russland mehr geben wird, ist offen. Selbst Georgien und Armenien sind mit Solidaritätsbekundungen für die Ukraine überaus zurückhaltend.

Die Zeit zwischen 1989 und 2022 stellt eine Epoche dar, die mit hohen Erwartungen auf allen Seiten begonnen hatte. Nach dem Mauerfall verwandelte sich der »Ostblock« auf einen Schlag in ein neues Europa. Grenzzäune wurden aufgeschnitten, das Erlernen von Fremdsprachen erhielt einen neuen Sinn, Städte wie Prag oder Krakau wurden zu hippen Reisezielen. Die gegenseitige Wahrnehmung veränderte sich durch den direkten Kontakt radikal. Westeuropa leuchtete aus östlicher Perspektive nicht mehr als glitzerndes Konsumparadies, und Osteuropa erschien aus westlicher Perspektive nicht mehr als mausgraue zweite Welt.

Ob auch der 24. Februar 2022 einen Neuanfang markiert, muss sich erst herausstellen. Mit Sicherheit hat der russische Sonderweg an Attraktivität verloren. Russland wird voraussichtlich für lange Zeit nicht mehr als europäische Kulturnation wahrgenommen werden, sondern als das »Andere«, in dem andere Werthierarchien gelten. Frieden ist für die russische Führung nicht mehr ein absolutes Gut, sondern ein zeitweiliger Zustand, den man auch im Namen angeblich höherer Ziele – wie der Wiederherstellung des russischen Imperiums – unterbrechen kann.

Russlands aggressives Gebaren schreckt auch traditionell russophile Staaten in Osteuropa ab. Tschechien hat scharfe Konsequenzen aus dem russischen Anschlag auf das Munitionslager in Vrbětice gezogen. In Belarus fürchtet sich die Bevölkerung seit der Annexion der Krim vor einem Anschluss an Russland. In Bulgarien war lange Zeit eine Mehrheit der Bevölkerung positiv gegenüber Russland eingestellt. Nach dem russischen Überfall auf die Ukraine fiel dieser Wert auf unter 30 Prozent. Europa besteht heute nach wie vor aus unterschiedlichen Nationen und Kulturen. Allerdings gibt es bei der Zustimmung zur Europäischen Union keine West-Ost-Spaltung. Im Eurobarometer erreichen Portugal, Irland und Litauen am oberen Ende der Skala etwa 70 Prozent, am unteren Ende stehen Griechenland, Frankreich und die Slowakei mit etwa 40 Prozent.

Der 24. Februar 2022 setzt in der Geschichte eine Zäsur, die erst dann überwunden werden kann, wenn Europa auch in Russland als eine Gemeinschaft übergreifender Werte, Normen und Rechtsverbindlichkeiten begriffen wird. Dazu ist aber eine schmerzhafte Vergangenheitsbewältigung nötig, die mehrere Generationen beschäftigen wird.

Biographische Notiz

Martin Aust (geb. 1971) ist seit 2015 Professor für Geschichte und Kultur Osteuropas an der Rheinischen Friedrich-Wilhelms-Universität Bonn. Nach seiner Promotion an der FU Berlin (2002) führten ihn weitere akademische Stationen an die CAU Kiel und die LMU München. 2010 hat die DFG ihm ein Heisenberg-Stipendium bewilligt. Er hat Gastprofessuren an der Universität Basel (2015) und der Higher School of Economics St. Petersburg (2019) wahrgenommen. Er ist Vorsitzender des Verbands der OsteuropahistorikerInnen Deutschlands (VOH). Als Mitherausgeber ist er an der Buchreihe »Imperial Subjects. Autobiographik und Biographik im imperialen Kontext« beteiligt.

Wichtigste Publikationen: Polen und Russland im Streit um die Ukraine. Konkurrierende Erinnerungen an die Kriege des 17. Jahrhunderts von 1934 bis 2006 (2009); Globalisierung imperial und sozialistisch. Russland und die Sowjetunion in der Globalgeschichte 1851-1991 (Hg., 2013); Die Russische Revolution. Vom Zarenreich zum Sowjetimperium (2017). Die Schatten des Imperiums. Russland seit 1991 (2019).

Andreas Heinemann-Grüder (geb. 1957) ist apl. Professor am Institut für Politikwissenschaft und Soziologie der Universität Bonn und seit 1999 Senior Researcher am Bonn International Centre for Conversion. Mitglied im Beirat zivile Krisenprävention der Bundesregierung, bis 2017 Mitherausgeber des jährlichen Friedensgutachtens der führenden Institute der Friedens- und Konfliktforschung. 2013/14 Abteilungsleiter am Georg-Eckert-Institut (Leibniz-Institut) in Braunschweig und 2010-2012 Leiter der Akademie für Konflikttransformation (Bonn/Köln), von 1996 bis 1999 Associate Professor an der University of Pennsylvania und 1995 Visiting Professor an der Duke University (North Carolina), davor wissenschaftlicher Mitarbeiter der Humboldt-Universität und der Freien Universität Berlin. Feldforschungs- und politische Beratungsprojekte u. a. in den baltischen Staaten, Bosnien-Herzegowina, Kirgistan, im Kosovo, in Kroatien, Polen, Russland, Tadschikistan, der Ukraine, Ungarn und Usbekistan. Er hat Politikwissenschaft, Geschichte und Germanistik studiert und war 1987/88 als Doktorand an der Moskauer Lomonossov-Universität.

Wichtigste Publikationen: Zivile Konfliktbearbeitung – Vom Anspruch zur Wirklichkeit (mit I. Bauer 2013); Föderalismus als Konfliktregelung. Indien, Russland, Spanien und Nigeria im Vergleich (2011); Im Namen der NATO. Sicherheitspolitik und Streitkräftereform in Osteuropa (2003); Federalism Doomed? European Federalism between Integration and Separation (2002); Der heterogene Staat. Föderalismus und regionale Vielfalt in Russland (2000); Die sowjetische Atombombe (1992); Die Spezialisten. Deutsche Naturwissenschaftler und Techniker in der Sowjetunion nach 1945 (mit U. Albrecht u. A. Wellmann, 1992); Sowjetische Politik im arabisch-israelischen Konflikt (1991).

Angelika Nußberger (geb. 1963) ist seit 2002 Professorin an der Universität zu Köln, Inhaberin des Lehrstuhls für Verfassungsrecht, Völkerrecht und Rechtsvergleichung und Direktorin des Instituts für osteuropäisches Recht und Rechtsvergleichung. Mitglied der Venedig-Kommission des Europarats und internationale Richterin am Verfassungsgericht von Bosnien-Herzegowina. Von 2011 bis 2019 die für Deutschland gewählte Richterin am Europäischen Gerichtshof für Menschenrechte von 2017 bis zum Ende ihres Mandats dessen Vizepräsidentin. Sie hat Slawistik, Neuere Deutsche Literatur und Romanistik sowie Rechtswissenschaften in München und Würzburg studiert. 1985 war sie zu einem Studienaufenthalt in Moskau, von 1994 bis 1995 als Visiting Researcher an der Harvard Law School.

Wichtigste Publikationen: Menschenrechte. Geschichte, Theorie, Konflikte (2021); The European Court of Human Rights (2020); Rechtsphilosophisches Denken im Osten Europas (Hg., mit Caroline von Gall, 2015); Bewusstes Erinnern und bewusstes Vergessen. Der juristische Umgang mit der Vergangenheit in den Ländern Mittel- und Osteuropas (Hg., mit Caroline von Gall, 2011); Einführung ins russische Recht (Hg., 2010), Völkerrecht. Geschichte, Institutionen, Perspektiven (2009); Das System Putin. Gelenkte Demokratie und politische Justiz in Russland (2007, mit Margareta Mommsen); Verfassungskontrolle in der Sowjetunion und in Deutschland – Eine rechtsvergleichende Gegenüberstellung des Komitet Konstitucionnogo Nadzora und des Bundesverfassungsgerichts (1994).

Ulrich Schmid (geb. 1965) ist seit 2007 Professor für Kultur und Gesellschaft Russlands an der Universität St. Gallen. Von 2010 bis 2014 Dekan der Kulturwissenschaftlichen Abteilung, seit 2019 Prorektor. Von 2005 bis 2007 Professor für Slawische Literaturwissenschaft an der Ruhr-Universität Bochum, von 2003 bis 2004 SNF-Förderungsprofessor an der Universität Bern, von 2000 bis 2003 Assistenzprofessor an der Universität Basel. 2010 Gastforscher an der Universität Oslo, 1995 Visiting Fellow an der Harvard University. 2004 und 1997 absolvierte er Forschungsaufenthalte in Warschau und Krakau. 1998 Gastdozent an der Linguistischen Universität in Kiew. 1985 bis 1991 Studium der Germanistik, Slawistik und Politischen Wissenschaften in Zürich, Heidelberg und Leningrad. Seit 1994 ständiger freier Mitarbeiter im Feuilleton der *Neuen Zürcher Zeitung*.

Wichtigste Publikationen: Ukraine. Contested Nationhood in a European Context (2019); De profundis. Vom Scheitern der russischen Revolution (Hg., 2017); Technologien der Seele. Die Verfertigung von Wahrheit in der russischen Gegenwartskultur (2015); Schwert, Kreuz und Adler. Die Ästhetik des nationalistischen Diskurses in Polen (1926-1939) (Hg., 2014); Lew Tolstoi (2010); Literaturtheorien des 20. Jahrhunderts (Hg., 2010); Russische Medientheorien (Hg., 2005); Russische Religionsphilosophen des 20. Jahrhunderts (Hg., 2003); Ichentwürfe. Russische Autobiographien zwischen Avvakum und Herzen (2000); Fedor Sologub. Werk und Kontext (1995).